KB270955

일신서적출판사

Contents

오카리나야 놀~자

자연과 함께 숨쉬는 오카리나

모든 생명이 자연에서 태어나 자연으로 돌아가듯이 자연은 생명의 근원입니다. 오카리나는 흙, 나무 등 자연으로 빚어서 아름답고, 신비로운 소리를 내는 자연의 악기입니다.

인간과 함께 살아가는 오카리나

기원전 잉카, 마야, 아즈텍 문명의 중남미에서는 신을 기쁘게 하거나 새를 부를 때, 파푸아뉴기니에서는 흥을 돋거나 춤을 출 때, 유럽에서는 전통음악과 클래식을, 미국에서는 2차 세계대전 때 군인들이 전쟁 중에서도 여가 음악으로써 오카리나를 즐겼고, 현대에는 초중고의 학교음악, 생활음악, 컴퓨터음악, 영화음악, 광고음악, 뉴에이지음악, 음악치료음악, 종교음악 등 인간의 삶 속에 함께하고 있습니다.

예술과 함께 공존하는 오카리나

오카리나는 특유의 아름다운 음색으로 콘서트, 앙상블, 오케스트라와의 협연, 국악기, 세계민속 악기와의 교류 등을 통해 사람들에게 신비로운 감동을 주는 공연음악으로서 뿐만 아니라 미술과의 퍼포먼스, 전람회에서의 배경음악, 시낭송 음악, 춤곡, 명상음악, 자연음악 등 여러 분야의 예술과의 교감을 갖습니다.

교육과 함께 발전하는 오카리나

훌륭한 오카리나연주자를 배출하기 위해서는 훌륭한 선생님과 좋은 교육자료가 필요합니다. 이 교본은 싱글오카리나, 더블오카리나, 트리플오카리나의 기초 자세, 연주법, 호흡법, 텅잉, 테크닉, 에튀드 등을 남녀노소 누구든지 다양하게 즐길 수 있도록 쉽고 체계적으로 구성하였습니다.
이 교본을 통하여 초·중·고등학교의 방과후교육, 돌봄교육, 자유학기제, 특기적성교육, 대학교의 전공음악교육, 음악학원, 동호회 등 여러 단체의 평생음악교육에 조금이나마 도움이 되어 한국의 오카리나 음악의 발전에 기여하기를 기대합니다.

저자 제임스 정

재미있고 체계적인
오카리나 교본은 없습니다.

1. 초등학교의 방과후교실 및 특기적성교육, 돌봄교실, 음악학원의 특강, 평생교육원, 문화센터, 복지시설, 동호회, 대학교, 대학원 등의 싱글, 트리플오카리나의 기본 교육에 꼭 필요한 '싱글, 더블, 트리플오카리나의 교과서'입니다.

2. 초·중·고등학교 음악교과서에서 재미있고 신나는 곡과 많은 사람들이 즐겨 부르는 곡, 유투브에서 가장 많이 연주 되는 곡들을 선정하여 누구나 쉽게 오카리나를 즐길 수 있습니다.

3. 오카리나 연주곡들을 QR코드를 이용하여 국내 유명한 오카리나 연주자들의 연주 동영상을 직접 보고 배울 수 있습니다.
(QR코드 사용법:스마트폰에서 QR코드 스캔 어플 다운, 프로그램 실행, 스마트폰을 가까이 대고 원하는 연주 동영상의 QR 코드 스캔, 연주 동영상 재생)

4. 싱글오카리나부터 더블, 트리플오카리나까지 연주할 수 있도록 단계적이고 체계적으로 구성되어 있습니다.

5. 함께 즐길 수 있는 오카리나 앙상블 악보들이 각 차트마다 수록되어 수준 높은 오카리나 앙상블 음악 문화를 이끕니다.

6. CD가 첨부되어 학원의 음악발표회, 학교의 학예회, 각종 연주회의 오카리나 반주음악으로 더욱 효과적입니다.

오카리나(Ocarina)

오카리나(Ocarina)는 이탈리아어의 작다(rina)와 거위(oca)의 합성어로써 '어린 거위' 또는 '작은 거위'
라는 뜻입니다.
오카리나는 흙이나, 나무, 금속, 플라스틱, 종이 등의 다양한 재료를 사용하여 만든 관악기로서 신비스
럽고 아름다운 음색을 갖고 있습니다.

오카리나의 구조

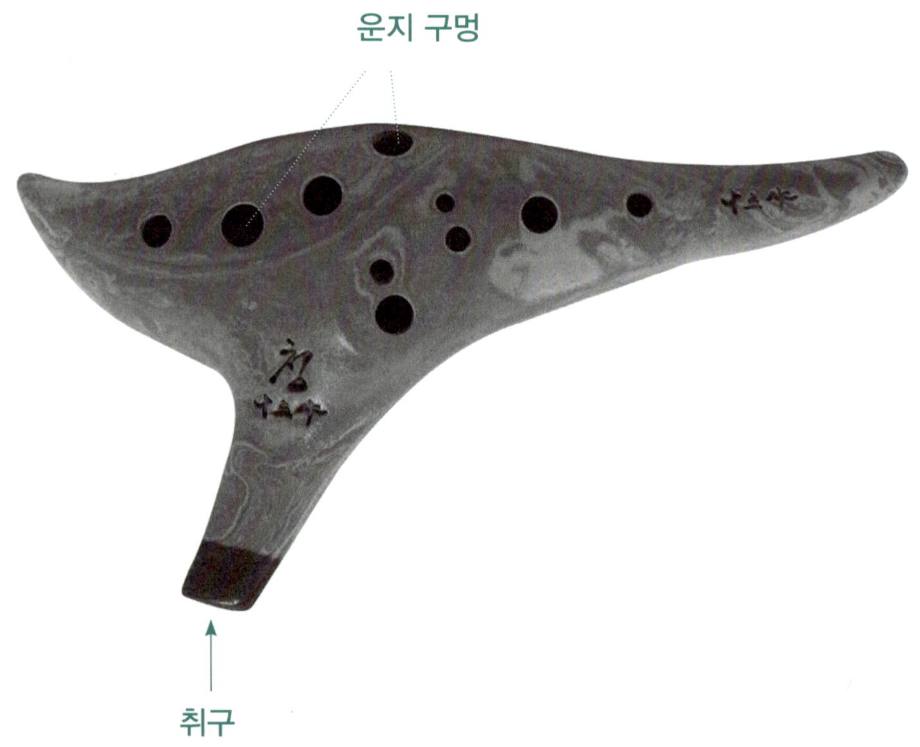

싱글오카리나

더블오카리나

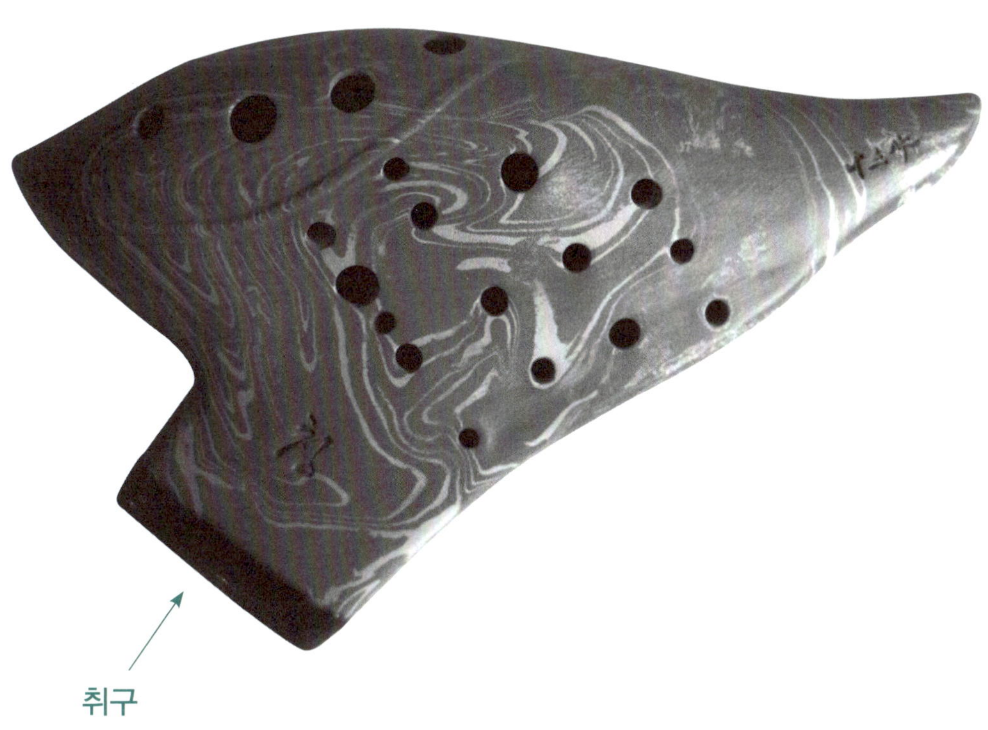

트리플오카리나

오카리나의 종류

오카리나는 모양, 음역, 성부에 따라 구분 됩니다.

(1)모양/거위형(이탈리아, 유럽), 원형(페루, 남미), 항아리형(한국, 중국)

(2)음역/싱글(C키, F키, G키), 더블, 트리플, 쿼트러플 등

(3)성부/소프라노, 알토, 베이스, 콘트라베이스 등

싱글(거위형)

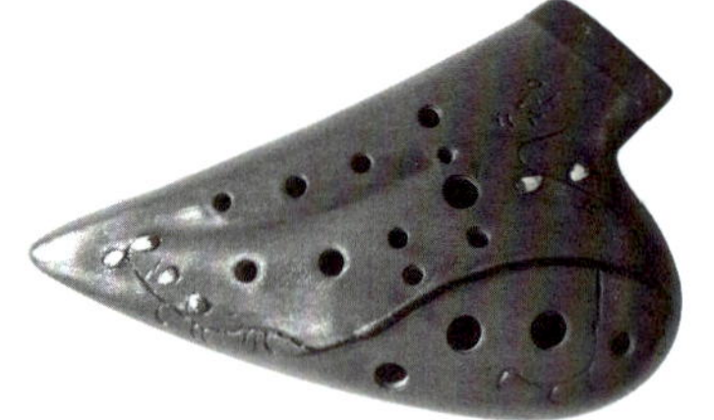

더블

트리플

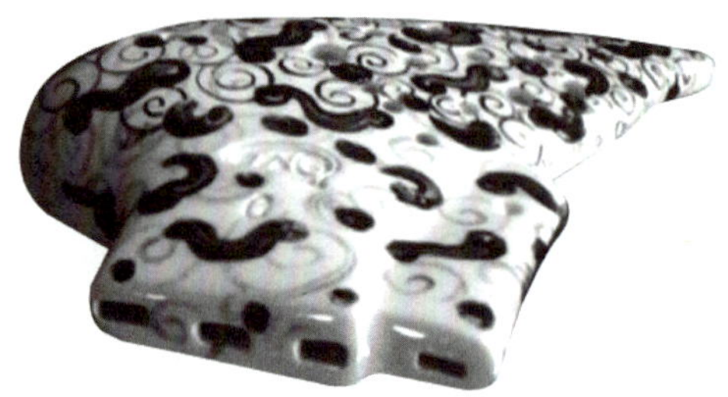

쿼트러플

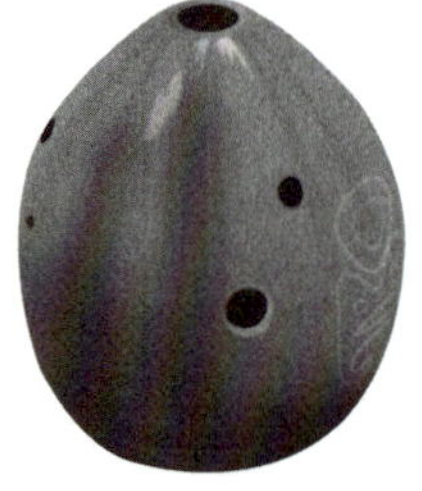

항아리형

원형

소프라노 C (Do 1번)

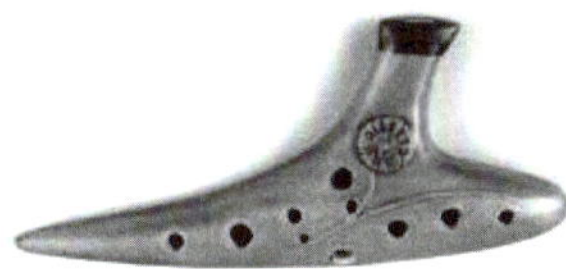
소프라노 G (Sol 2번)

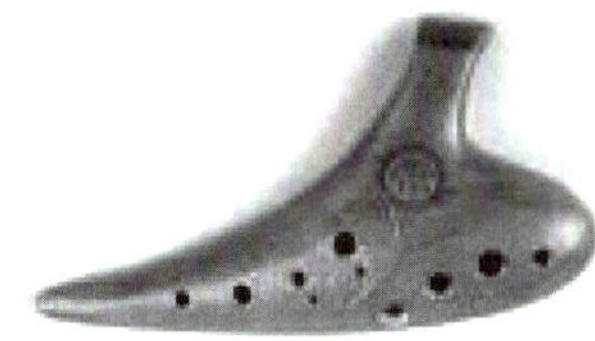
알토 C (Do 3번)

알토 G (Sol 4번)

베이스 C (Do 5번)

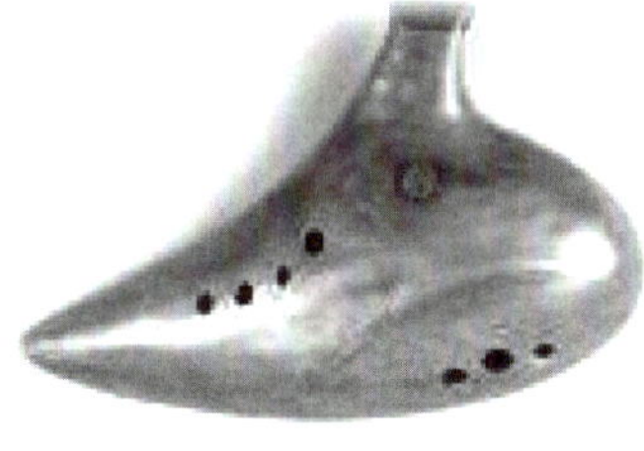
베이스 G (Sol 6번)

콘트라베이스 C (Do 7번)

1)기원전~AD1300

오카리나는 고대 마야, 잉카, 아즈텍 문명의 발상지인 중남미, 아프리카 중남부, 아시아, 오세아니아 등 세계 모든 문화권에서 발견됩니다.

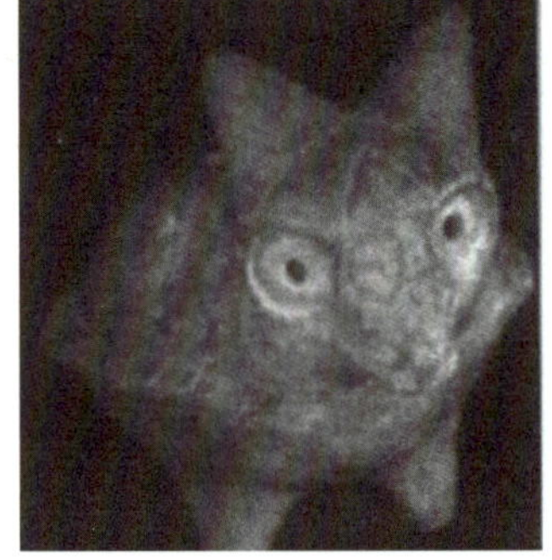

멕시코(BC1000~AD500), 에쿠아도르(BC400~AD400), 코스타리카(BC300~AD1200), 파나마(BC500~AD1500), 콜럼비아(BC1000~AD1500) 등 중남미에서는 자연에서 쉽게 구할 수 있는 진흙, 돌, 나무, 동물의 뼈 등으로 몇 가지 음을 낼 수 있는 단순한 오카리나를 만들었습니다.

새, 거북, 동물, 사람 등의 형태를 지닌 오카리나가 많았는데 음악을 연주하기보다는 주로 새를 부르거나, 신을 기쁘게 하는 제사의식 등에 많이 사용하였습니다.

파푸뉴기니아의 Simbu지방에서는 코코넛 열매에 흙을 입히고 바나나 쥬스로 물을 들인 후 햇빛에 말려 표면을 스크래치하고 아름답게 장식을 한 , 두개의 구멍을 가진 오카리나를 만들었습니다. 주로 부족 행사 때 젊은 남자가 마음에 든 여자를 유혹하거나 여럿이서 춤을 출때 흥을 돋우는 악기로 사용했습니다.

아프리카에서도 둥근 그릇모양의 오카리나가 있었는데 특히 아프리카인들은 진흙보다는 주로 호리병모양의 바가지를 이용하여 오카리나를 만든 것이 흥미롭습니다.

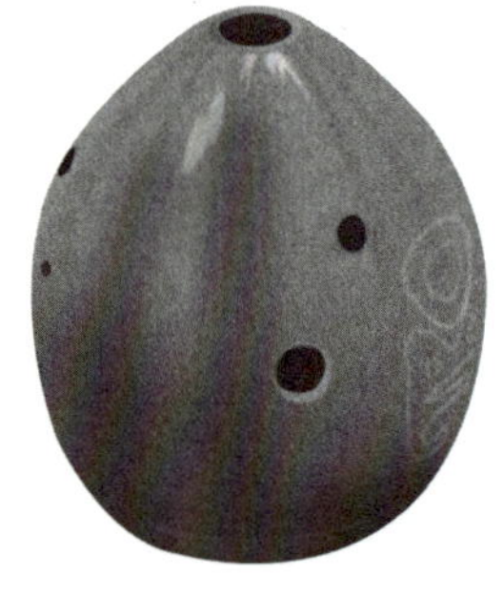

기원전 아시아의 중국에서도 흙으로 Xun이라는 계란형태의 오카리나를 만들어 음악에 사용했는데 이 오카리나는 마우스피스가 없고 윗부분에 취구가 있어서 여기에 입김을 불어서 소리를 냅니다.

한국의 오카리나라고 할 수 있는 '훈'은 고려 예종11년(1116)에 송나라에서 들여와 아악연주에 사용을 하였습니다.

《악학궤범》에 의하면 훈은 흙으로 만든 속이 빈 큰 홍시 모양의 악기 몸통과 앞에 셋, 뒤에 둘 모두 5개의 지공, 그리고 뾰쪽한 꼭지부분의 취구와 12율의 음률을 가진 악기입니다.

2)중세유럽 (AD1300~1800)

산양이나 소의 뿔로 만든 오카리나가 스코틀랜드와 잉글랜드에서 처음 발견되었고 이를 'Gemshorn'이라고 불렀습니다. 이는 리코더처럼 앞쪽에 구멍이 있고, 끝의 넓은 부분에 취구가 있습니다.

3)이탈리아 (AD1800)

1853년 벽돌공이었던 Giuseppe Donati(1836-1925)가 17살때 흥미삼아 벽돌굽는 가마에 새모양의 피리를 구워 고향인 Budrio의 시장을 돌며 팔았습니다. 그는 여러개의 구멍과 음계를 가진 거위모양의 오카리나를 만들어 이를 'Little Goose' 또는 'Ocarina'라고 이름 지었습니다. 1870년에는 독일로 수출까지 하였고 남은 여생을 오카리나 제작에 심혈을 기울인 훌륭한 제작자이며 연주가였습니다. 150년간 Budrio에서는 수많은 오카리나 제작자들이 배출되었는데. 1878년 Cesare Vicinelli는 Budrio Ocarina Group과 함께 연주활동을 하였고, Budrio Workshop 조수로 일

해 온 Guido Chiesa에게 그의 작업실과 오카리나 제작도구를 남겨 주었으며,Guido Chiesa는 Cesare Vicinelli의 오카리나 디자인과 메카니즘을 이어받았습니다.

Emilio Cesari(1888-1962)는 1925년부터 1927년까지 'Gguppo Ocarinistico Budriese'라는 연주단을 만들어 지휘도 하였고, 1940년 이후에는 오카리나 제작가로서 명성을 떨쳤습니다.

4)유럽 (1880)

1881년 프랑스 파리에서는 Charles Mathiea가 금속오카리나에 관심을 갖고 니켈이 도금된 오카리나를 만들었고, 독일 Meissen 회사에서는 중국의 도자기 기술을 익혀서 구멍 주위를 장식하거나 다른 관악기처럼 key를 부착한 오카리나를 만들었습니다. 오스트리아에서도 1979년 Heinrich Fiehn이 시드니 세계박람회에 여러 종류의 오카리나를 출품시킴으로써 유명해졌습니다.

5)미국 (1900)

1930년까지 미국은 유럽에서 수입을 했는데 1938년 Gretsch가 플라스틱 오카리나를 만들어 세상에 알렸습니다. 또 이것은 1940년 2차 세계대전 때 군부대에 공급하여 군인들이 '올드랭샤인' 같은 노래를 즐겨 연주하는데 사용되었습니다.

6)일본 (1920)

1920년대 Takasi Aketagawa가 최초로 만들었고, Tiamo, Night 등의 회사에서 만들어 현재까지 학교에서 교육과 연주용으로 많이 사용되어지고 있습니다. 특히 1986년 제작가이자 연주가인 Sojiro 는 NHK TV 다큐멘터리 '대황하'의 사운드트랙을 오카리나로 연주하여 전 세계에 알려졌습니다. 그는 오카리나음악을 신비롭고 아름다운 소리로 표현하는 훌륭한 연주가로서 많은 앨범과 콘서트로 많은 팬을 갖고 있습니다.

7)영국 (1960)

1963년 John Taylor는 콜럼비아 오카리나를 본 떠 4구멍 둥근 오카리나를 여러 형태로 만들어 런던 거리에서 판매를 하면서 제작하는 법을 가르쳐 주어 대중화에 힘을 썼습니다. 1972년 Terry Riley 는 새 모양을 한 4구멍 오카리나를 만들었고, John Langley는 John Taylor를 만나 4구멍 둥근형 오카리나를 팬던트 형태로 만들어 대중화에 크게 이바지 하였습니다.

8)한국 (1980-현재)

현재는 오카리나가 대중적인 생활악기로 부상하면서 한국, 중국, 대만, 일본, 이탈리아, 페루 등 여러 나라에서 여러 형태로 만들어지고 있습니다.

한국에서는 초기에 일본의 나이트, 아케다 등을 주로 사용하였으나 현재는 우리 민족의 우수한 도예기술과 뛰어난 음악성을 가진 한국의 제작자들이 세계적으로 훌륭한 오카리나를 만들어 보급함으로써 초중등학교, 대학교, 문화센터, 주민센터, 평생교육원 등 여러 단체들의 오카리나 교육과 연주활동에 많은 기여를 하고 있습니다.

오카리나의 음역

실제음은 기보음보다 한 옥타브 위입니다.

싱글오카리나는 낮은 라에서 높은 파(2옥타브)까지, 더블오카리나의 1관은 낮은 라에서 높은 레(2옥타브) 까지, 2관은 높은 미(2옥타브)에서 높은 도(3옥타브)까지, 트리플오카리나의 1관은 낮은 라에서 높은 레(2옥타브) 까지, 2관은 높은 미(2옥타브)에서 높은 도(3옥타브)까지, 3관은 높은 레(3옥타브)에서 높은 도(4옥타브)까지 음역을 지니고 있습니다.

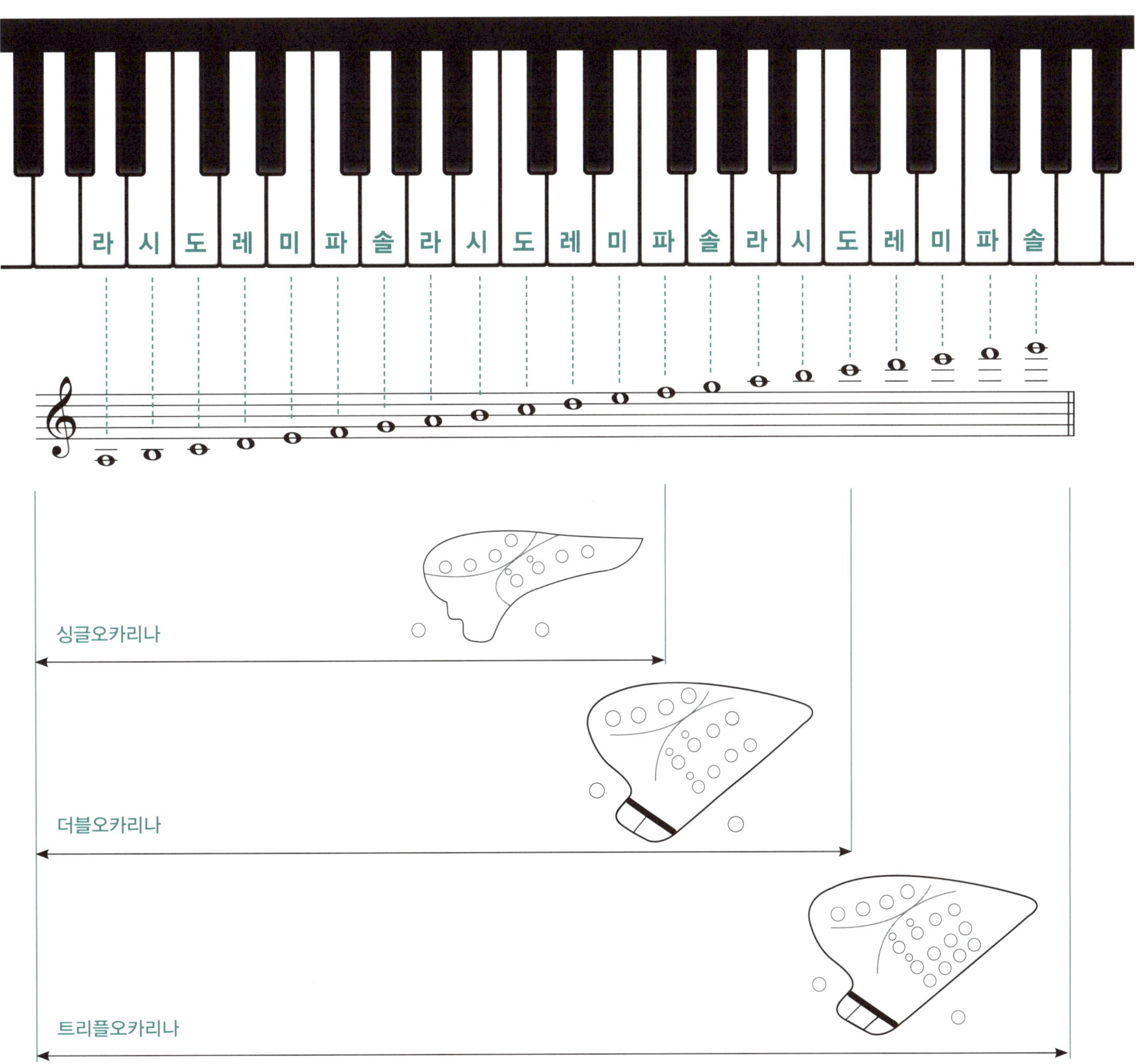

오카리나의 선택

전문 연주가나 선생님의 도움말을 듣고 선택하는 것이 좋습니다.

(1) 음의 높이가 정확한 오카리나

(2) 음색이 아름다운 오카리나

(3) 연주자의 호흡량에 맞는 오카리나

(4) 구멍의 위치가 연주하기에 편하게 배열된 오카리나

(5) 재질이 위생적인 오카리나

(6) 너무 무겁지 않은 오카리나

(7) 더블이나 트리플 오카리나는 각 관들의 음색이 통일성이 있어야 합니다.

오카리나의 관리

(1) 소리구멍에 침이 고일 때

엄지손가락으로 소리구멍을 막고 아주 센 입김으로 '훗'하고 짧게 불어서 침을 없앱니다.

(2) 이물질이 끼었을 때

두꺼운 종이 (가로 8-10cm. 세로 0.5-1cm)를 소리구멍에 조심스럽게 넣다 뺐다하여 이물질을 제거합니다.

(3) 깨졌을 때

깨진 부분 양쪽에 목공용 접착제를 바른 후 틈새가 생기지 않도록 결합하고 하루 정도 지난 후 사용합니다. 이때 순간접착제는 아주 빨리 접착하므로 사용하지 않는 것이 좋습니다.

오카리나 자연스럽게 잡기

(1) 어깨, 팔, 손, 손가락에 힘이 들어가지 않도록 합니다.

(2) 볼에 힘을 주지 말고 아랫입술에 취구 (1cm 정도)를 올려놓고 윗입술을 가볍게 덮습니다.

(3) 오카리나에 이가 닿지 않도록 주의합니다.

(4) 팔꿈치는 너무 벌리거나 붙이지 말고 자연스럽고 편안한 자세를 취합니다.

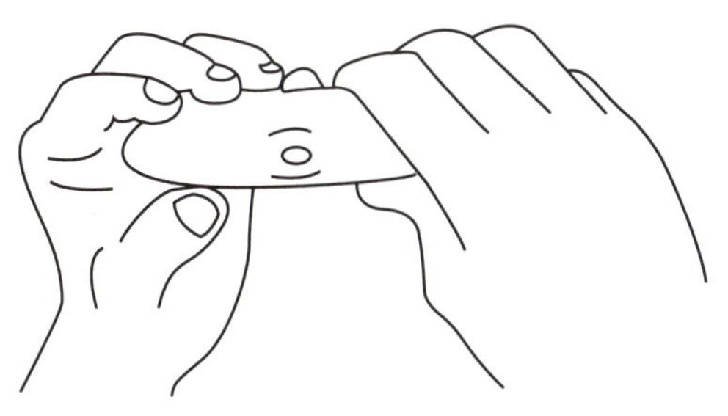

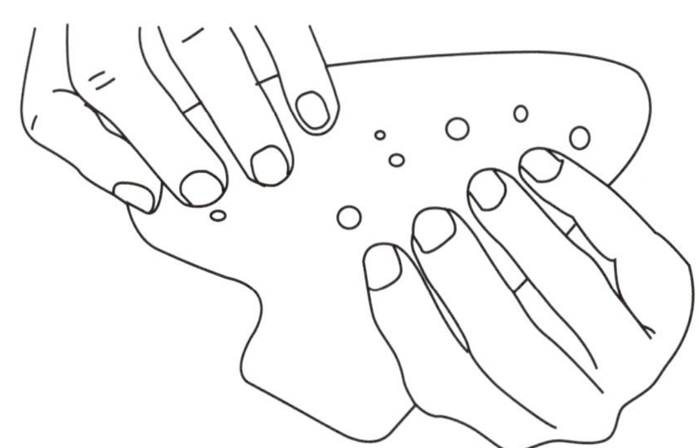

운지구멍 올바르게 막기

(1) 피아노를 연주할 때나 달걀을 쥘 때처럼 손가락의 힘을 빼고 가볍게 잡습니다.

(2) 운지구멍은 손가락 끝이나 손가락마디로 막지 말고 손가락 지문의 두툼한 부분으로 막습니다.

(3) 손가락을 떼었을 때 각 손가락 지문에 운지구멍 자국이 동그랗게 남아 있는지 확인합니다.

(4) 손가락마다 거울을 보고 잘 막았는지를 확인합니다.

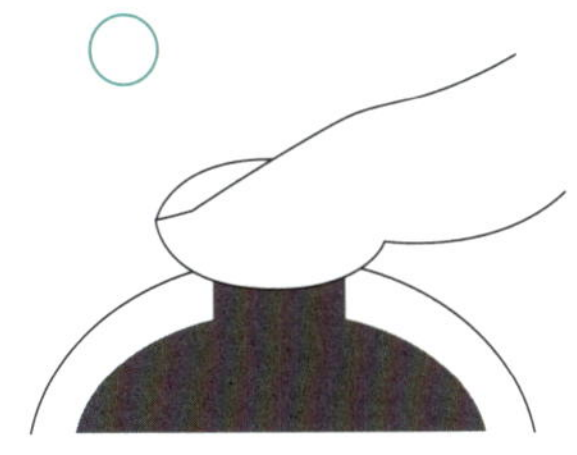

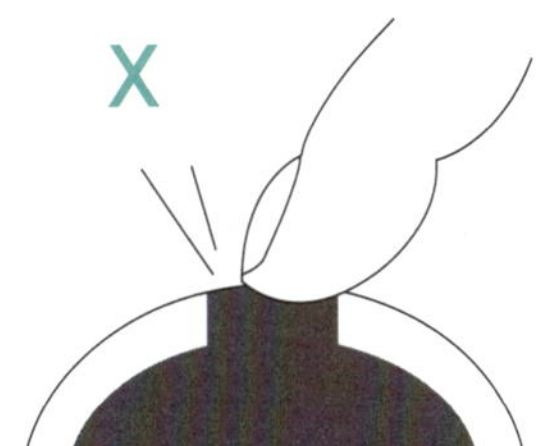

앉아서 연주하는 자세

(1) 의자에 등을 대지 말고 허리를 폅니다.

(2) 두발은 어깨 넓이로 벌려 바닥에 댑니다.

(3) 팔꿈치나 손가락의 힘을 뺍니다.

(4) 오카리나를 자연스럽게 잡습니다.

(5) 가볍게 취구를 뭅니다.

서서 연주하는 자세

(1) 몸 전체의 힘을 빼고 두발은 어깨정도의 넓이로 벌립니다.

(2) 한발은 조금 앞으로 내밀고 몸의 중심을 잡습니다.

(3) 아랫배에 힘을 줍니다.

(4) 팔꿈치나 손가락의 힘을 뺍니다.

(5) 오카리나를 자연스럽게 잡습니다.

(6) 가볍게 취구를 뭅니다.

테크닉을 위한 손가락 운동

오카리나를 연습하기 전에는 손가락의 긴장을 풀어주기 위하여 손가락 체조를 합니다.

(1) 책상 위에 손가락을 구부려 올려놓고 엄지손가락을 10회 이상 들어올렸다 내렸다 합니다. 나머지 손가락도 차례로 들어올렸다 내렸다 합니다. [그림1]

(2) [그림2]처럼 책상 위에 손가락을 올려놓고 두 개, 세 개, 네 개씩 10회 이상 들어 올렸다 내렸다 합니다.

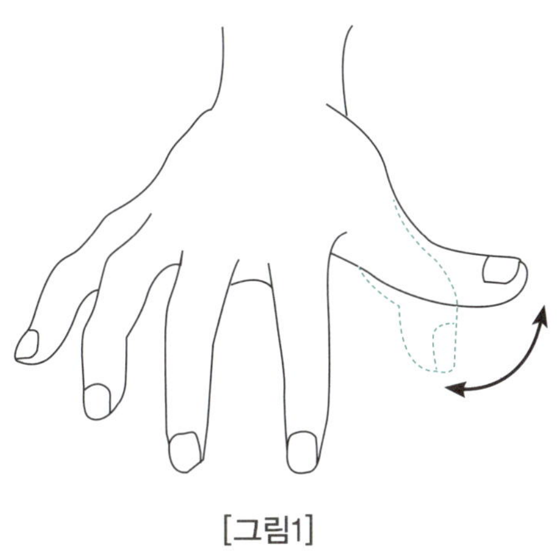

[그림1]

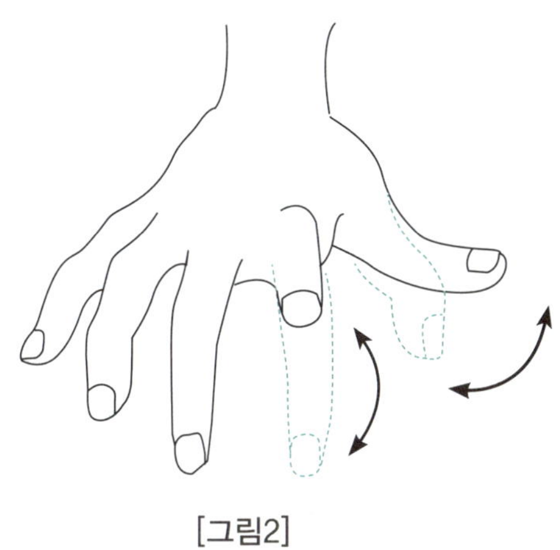

[그림2]

운지번호

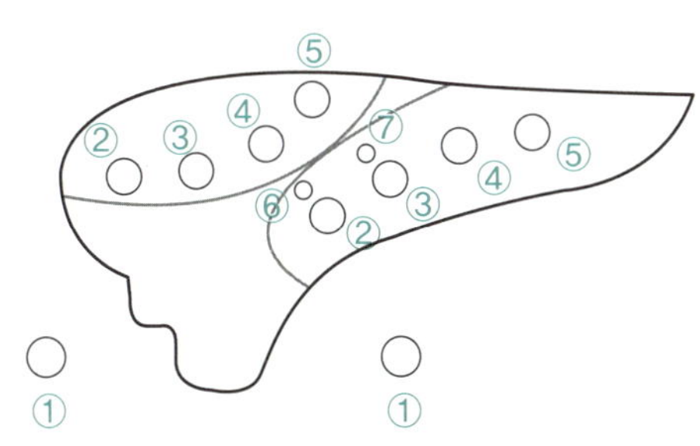

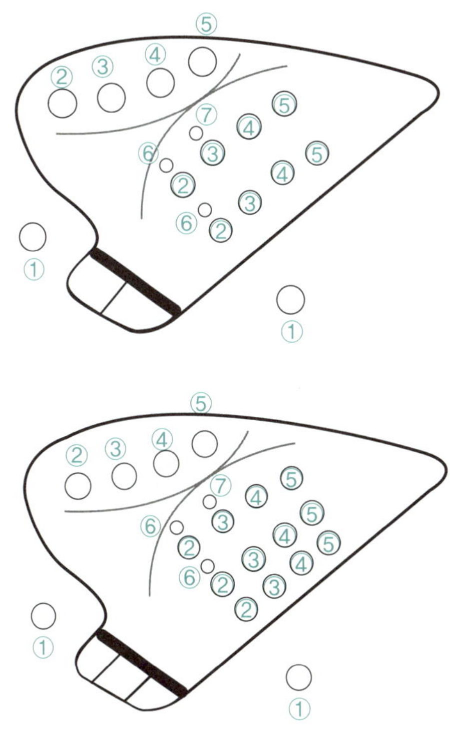

앙부쉬르(Embouchure)

'앙부쉬르'란 관악기를 불 때의 입술 모양을 말합니다. 오카리나의 좋은 입술 모양은 입을 편하게 다문 상태에서 미소를 지을 때처럼 입술을 양쪽으로 약간 당기면서 '투–'하고 길게 발음합니다.

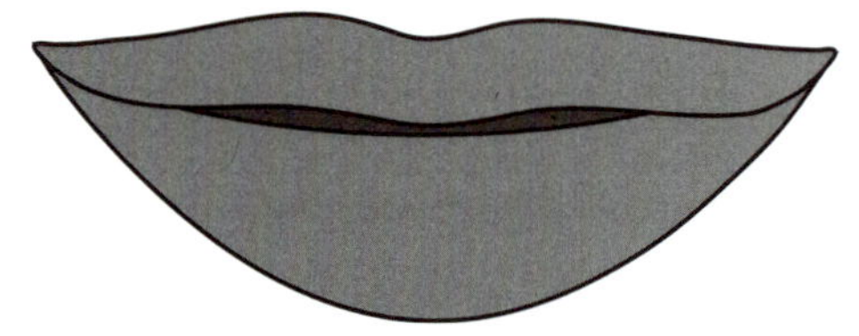

①입을 편안하게 다뭅니다.

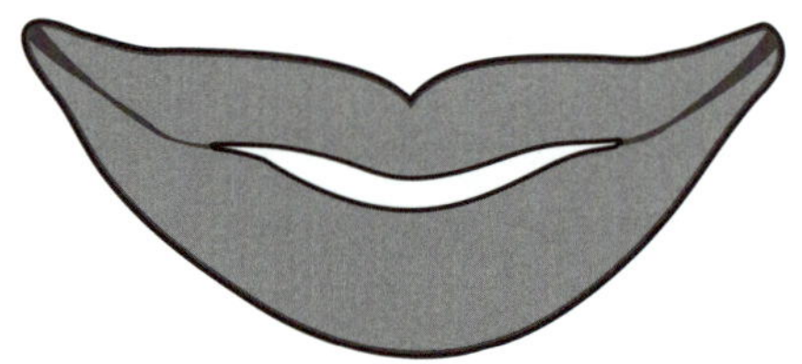

②입술을 양쪽으로 약간 당기면서 '투–'하고 발음합니다.

조율

오카리나는 기본적인 조율은 되어있지만 연주자의 입김의 세기나 입술을 대는 각도에 따라 음의 높이가 달라집니다. 올바른 운지를 하고 있어도 낮은음은 입김의 세기를 약하게 불고 높은음은 입김의 세기를 강하게 불어서 조율을 하여야 합니다. 또 오카리나를 문 상태에서 오카리나를 아래로 내리면 음이 내려가고, 올리면 음이 올라갑니다. 오카리나는 연주 중 한 음씩 조율을 해야 하기 때문에 운지는 쉽지만 조율이 어려운 악기 중의 하나입니다.

텅잉(Tonguing)

텅잉은 맑고 깨끗한 소리를 내는 오카리나의 기본 연주 기술입니다. 혀끝을 윗니의 뒤쪽 잇몸에 댔다 떼면서 동시에 '투–'하고 공기를 입 밖으로 내보냅니다. 너무 세게 불어서 파열음이 나지 않도록 하고, '후'하고 소리를 내지 않도록 유의해야 합니다. 또 느린 음악에서는 '두', 빠른 음악에서는 '투'하고 텅잉을 하여 강도에 따라 음악의 느낌을 다르게 표현할 수 있습니다.

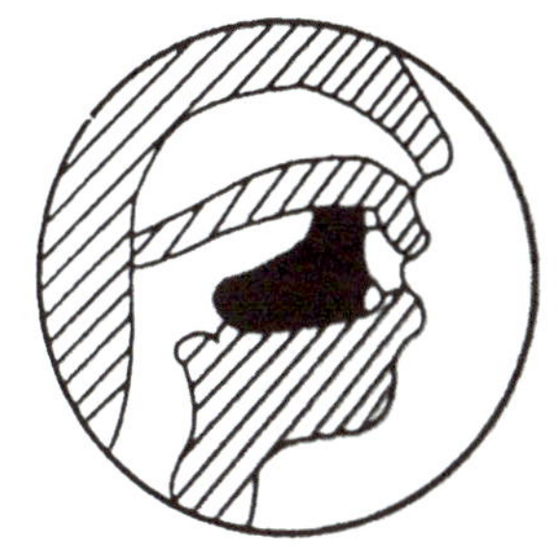

(1)혀끝을 윗니의 뒤쪽 잇몸에 댄다.

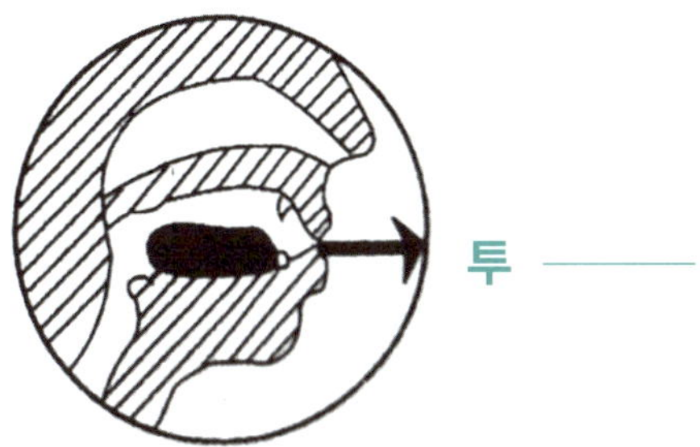

(2)잇몸에서 뗀다.

복식호흡

복식호흡은 아름다운 오카리나 소리를 내기 위하여 꼭 습득해야 할 필수적인 호흡법입니다. 먼저 숨을 들이 마실 때는 빠르게, 많은 숨을 아랫배까지 깊이 마시고, 숨을 내 쉴 때는 여러 개의 촛불을 동시에 끌 때처럼 아랫배에 힘을 주면서 조금씩 내쉽니다.

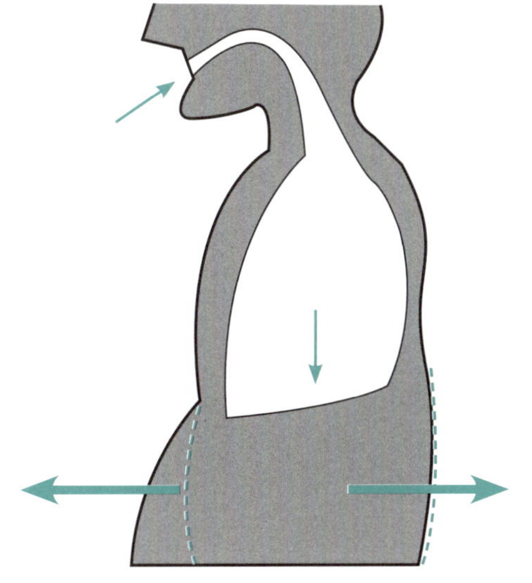

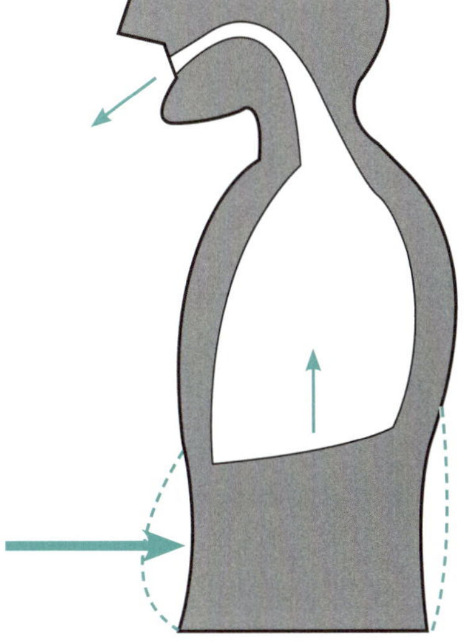

단계별 복식호흡법

(1) **제1단계** : 일어선 다음 손바닥을 배에 대고 허리를 앞으로 구부리고, 숨을 들이 쉬고 내쉽니다. 이때 들이마실 때는 배가 나오고, 내쉴 때는 배가 들어가야 합니다. 

(2) **제2단계** : 제1단계와 같은 방법으로 일어서서 숨을 들이쉬고 내쉽니다. 이때도 들이쉴 때는 배가 나오고, 내쉴 때는 배가 들어가야 합니다. 

(3) **제3단계** : 왼손바닥을 배에 두고, 오른손 검지손가락을 촛불이라고 생각하고, 촛불을 끌 때처럼 '훗'하고 세게 붑니다. 또 '후~~웃'하고 길게 내쉬면서 배에 힘 을 주어 왼손바닥이 풍선을 불 때처럼 공기의 팽창을 느끼게 합니다. 

소리내기

올바른 복식호흡과 텅잉으로 처음과 끝이 일정하게 오카리나 소리가 나도록 꾸준하게 연습 합니다.

- 처음과 끝이 일정함 (○)

- 끝의 음의 높이가 내려감 (X)

- 끝의 음의 높이가 올라감 (X)

- 숨이 일정하지 않음 (X)

- 텅잉을 너무 세게 함 (X)

- 텅잉을 하지 않고 '후'하고 소리를 냄 (X)

5선과 높은음자리표

• 다섯 개의 줄(5선)에 음의 높고 낮음을 표시합니다.

• 높은음자리표는 솔(G)의 자리를 정해줍니다.

세로줄과 마디

5선에 세로로 그은 줄을 세로줄이라고 합니다. 또 세로줄을 2개 그린 것을 겹세로줄, 곡이 끝날 때의 세로줄을 끝세로줄이라고 합니다. 마디는 세로줄과 세로줄 사이를 말합니다.

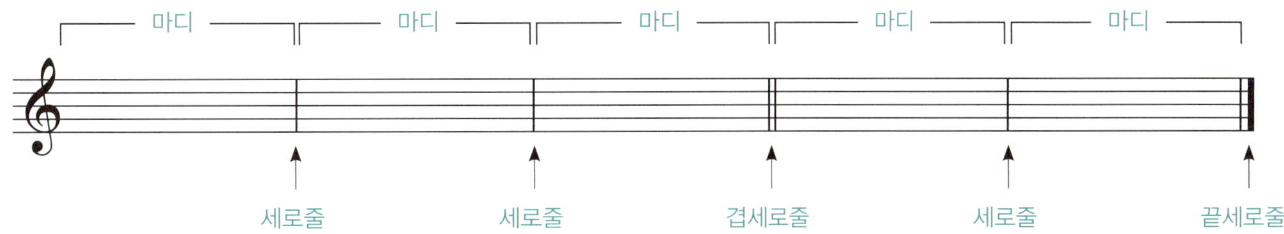

계이름 익히기

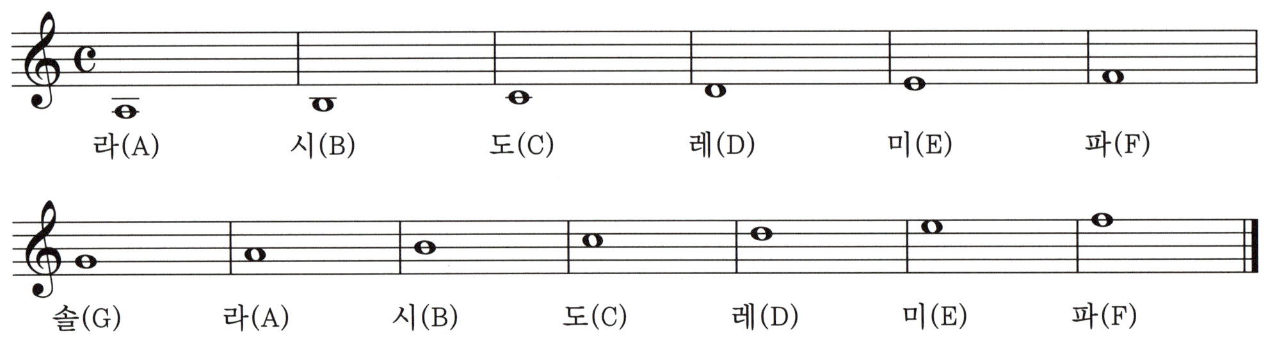

음표와 쉼표

음표		길이(♩ 를 기준으로)	음표	
모양	이름		모양	이름
𝅝	온음표		온쉼표	𝄻
𝅗𝅥	2분음표		2분쉼표	𝄼
♩	4분음표		4분쉼표	𝄽
♪	8분음표		8분쉼표	𝄾
𝅘𝅥𝅯	16분음표		16분쉼표	𝄿

이음줄과 붙임줄

이음줄(Slur) : 높이가 다른 두 음 이상을 연결한 줄

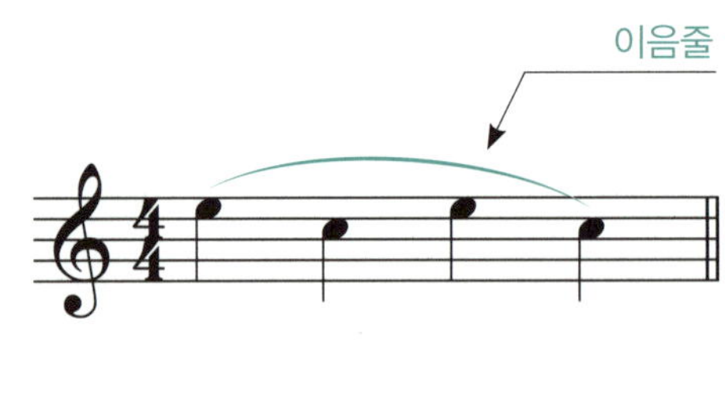

붙임줄(Tie) : 높이가 같은 두 음을 연결한 줄

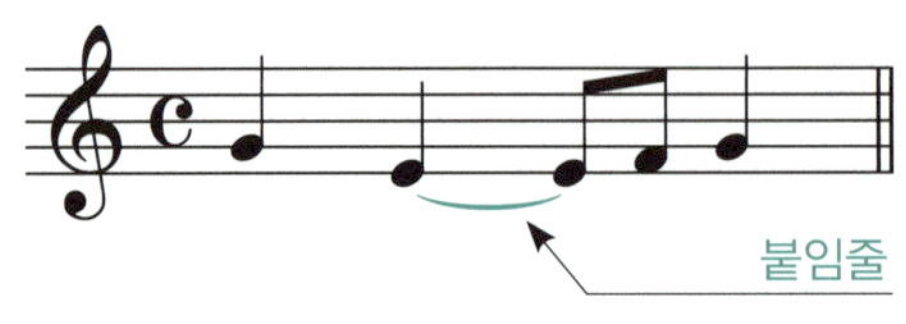

점음표와 점쉼표

(1) 점은 앞 음표의 오른쪽에 표시를 합니다.
(2) 점은 앞 음표의 1/2을 나타냅니다.

이름	모양		이름	모양	
점온음표	𝅝.	𝅝 + 𝅗𝅥	점온쉼표	▬.	▬ + ▬
점2분음표	𝅗𝅥.	𝅗𝅥 + 𝅘𝅥	점2분쉼표	▬.	▬ + 𝄼
점4분음표	𝅘𝅥.	𝅘𝅥 + 𝅘𝅥𝅮	점4분쉼표	𝄽.	𝄽 + 𝄾
점8분음표	𝅘𝅥𝅮.	𝅘𝅥𝅮 + 𝅘𝅥𝅯	점8분쉼표	𝄾.	𝄾 + 𝄿
점16분음표	𝅘𝅥𝅯.	𝅘𝅥𝅯 + 𝅘𝅥𝅰	점16분쉼표	𝄿.	𝄿 + 𝅀

셈여림표

$$pp - p - mp - mf - f - ff$$

피아니시모	피아노	메조 피아노	메조 포르테	포르테	포르티시모
매우 여리게	여리게	조금 여리게	조금 세게	세게	매우 세게

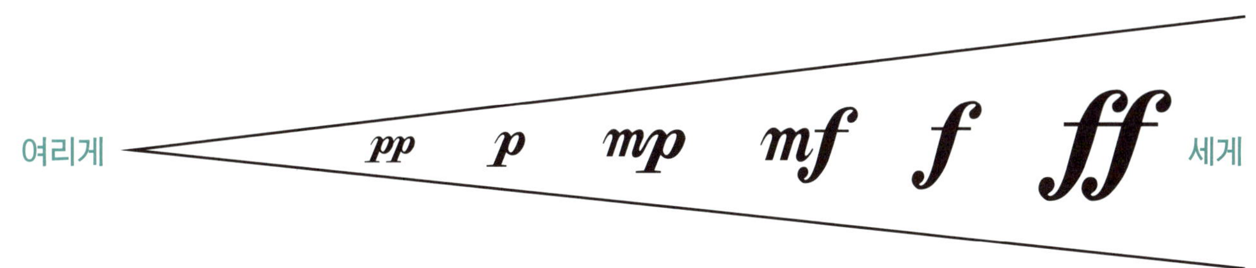

변화표

- 변화표는 ♯, ♭, ♮의 기호를 말하며 조표나 임시표로 사용합니다.

♯ **올림표**(샤프) – 반음 올림

♭ **내림표**(플랫) – 반음 내림

♮ **제자리표**(내추럴) – 다시 원음으로 돌아감

딴이름한소리

- 음의 이름은 서로 다르지만, 같은 소리가 나는 음을 말합니다.

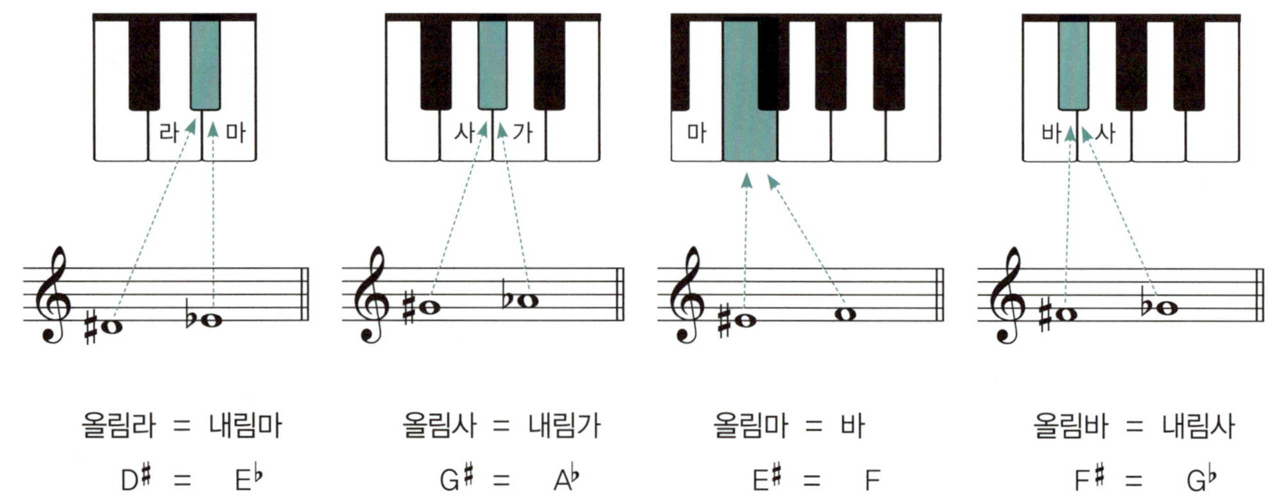

잇단음표

음표는 온음표, 2분음표, 4분음표, 8분음표 등과 같이 2의 배수로 나누어집니다. 그러나 리듬에 변화를
주기 위하여 3등분, 5등분으로 나누는데 이를 잇단음표라고 합니다.

반복기호

(1) 도돌이표

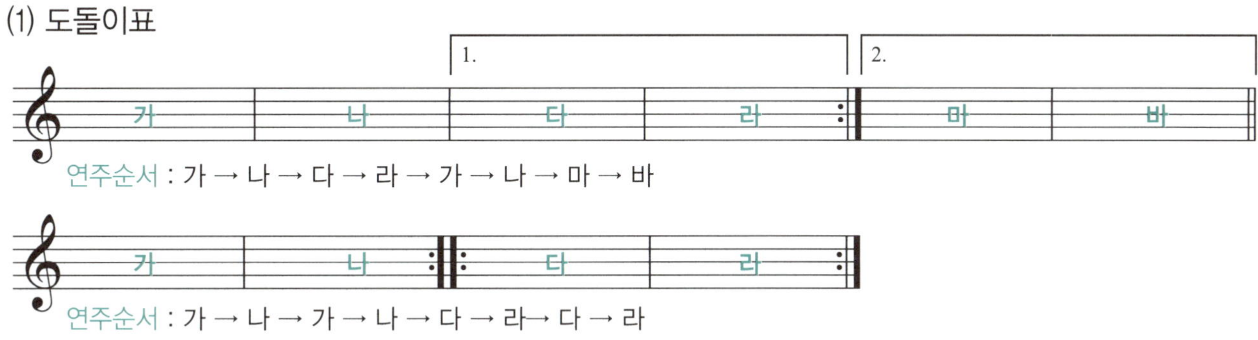

(2) 디카포(*D.C.*)와 피네(*Fine*)

(3) 달세뇨(*D.S.*)와 세뇨(𝄋)

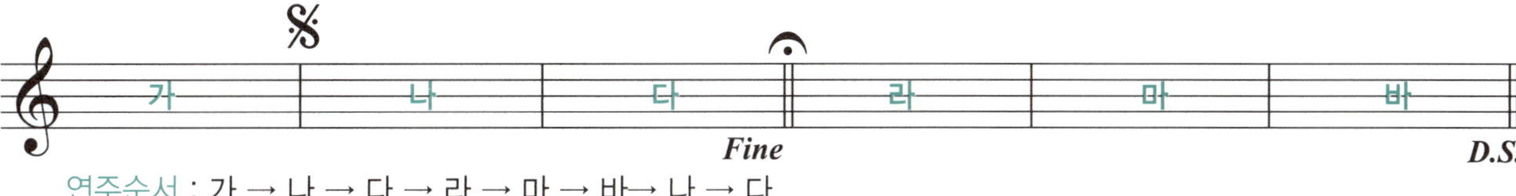

솔(G)

솔(G)은 다른 음보다 음의 높이가 안정 되어 있고 운지가 편해서 솔(G)부터 배우는 것이 좋습니다.

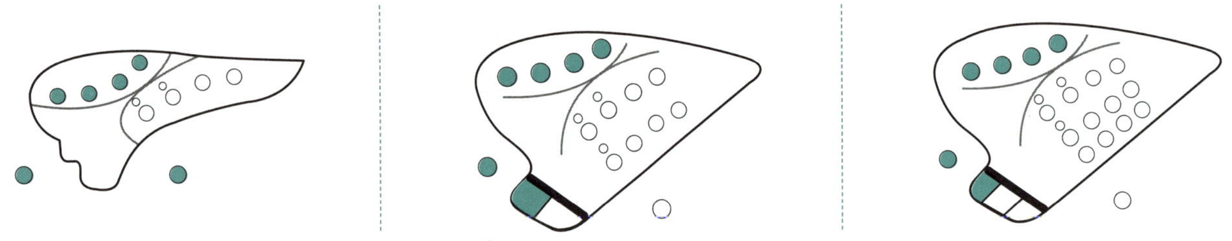

주의깊게 듣고 소리내기

온음표 온쉼표

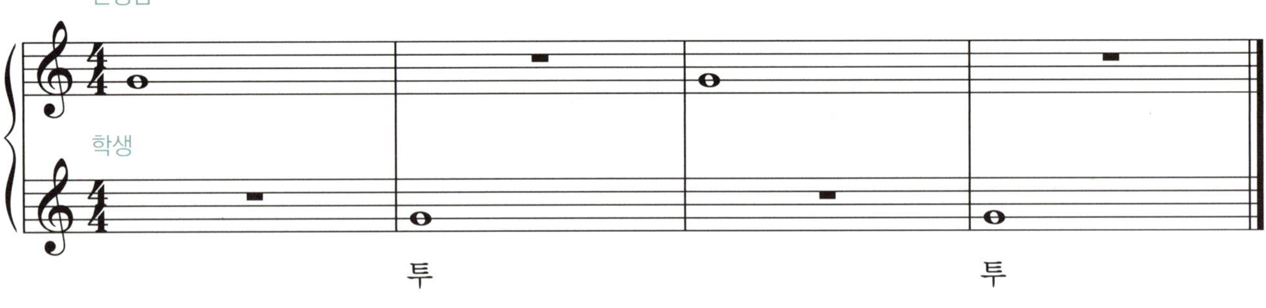

파(F)

선생님의 훌륭한 소리를 주의 깊게 듣고 똑같이 따라합니다.

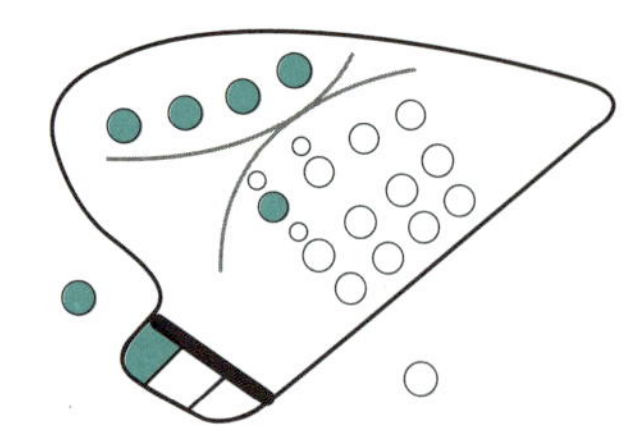

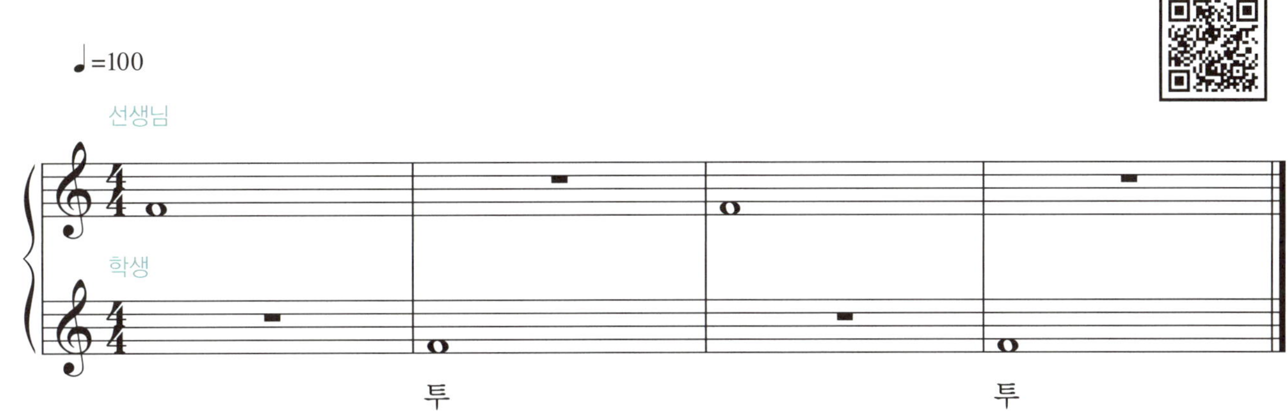

미(E)

오카리나는 연주를 할 때마다 조율을 해야 합니다. 특히 낮은 음은 입김의 세기를 약하게 합니다.

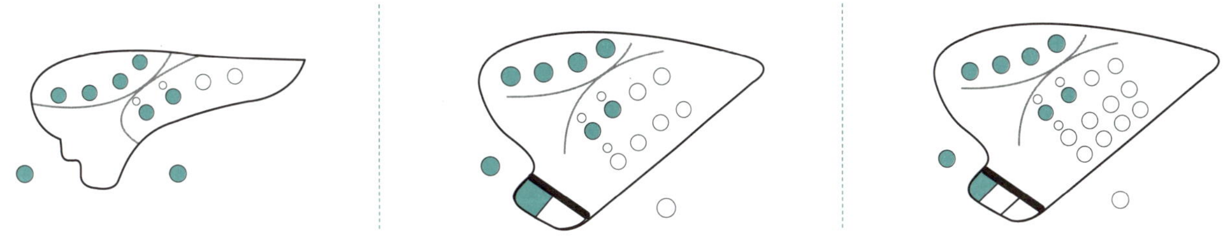

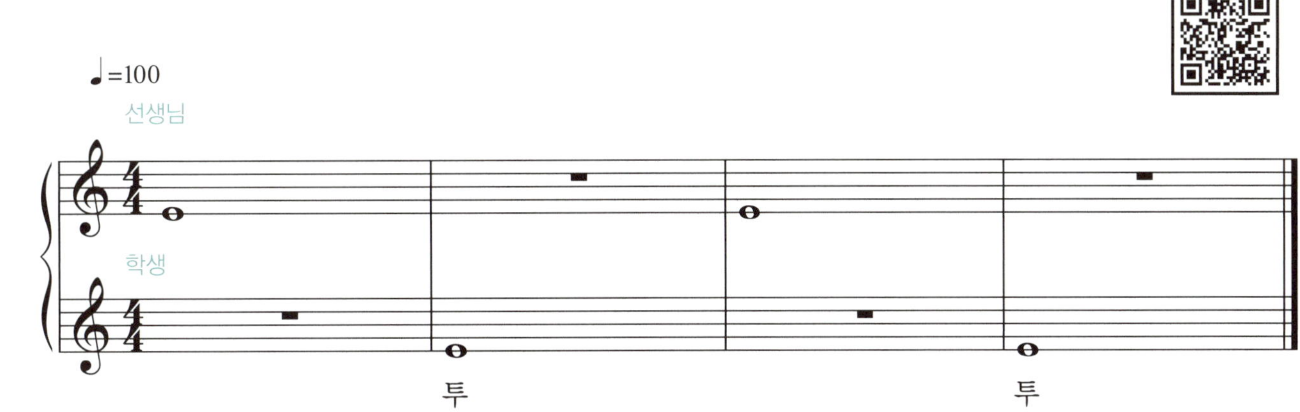

손가락의 각 마디가 달걀을 쥐는 것처럼 자연스럽게 구부러지도록 합니다.

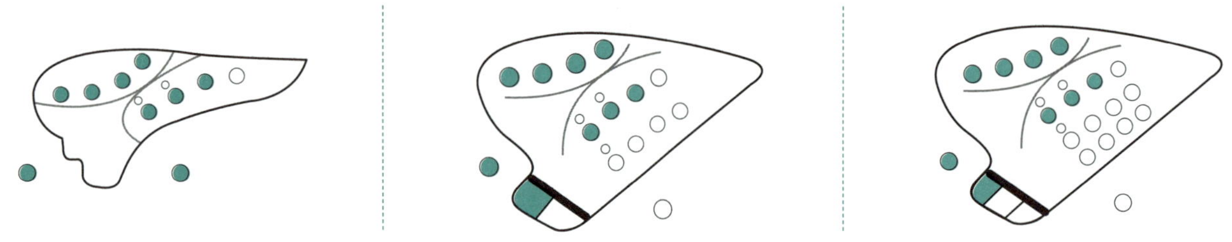

주의깊게 듣고 소리내기

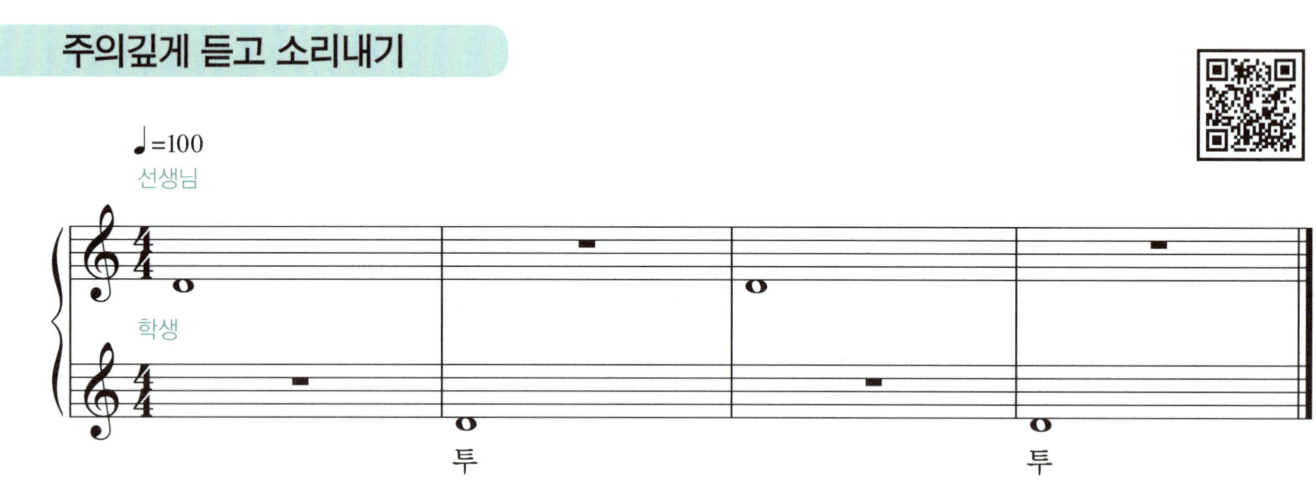

낮은 음을 연주할 때는 입김의 세기를 약하게 합니다.

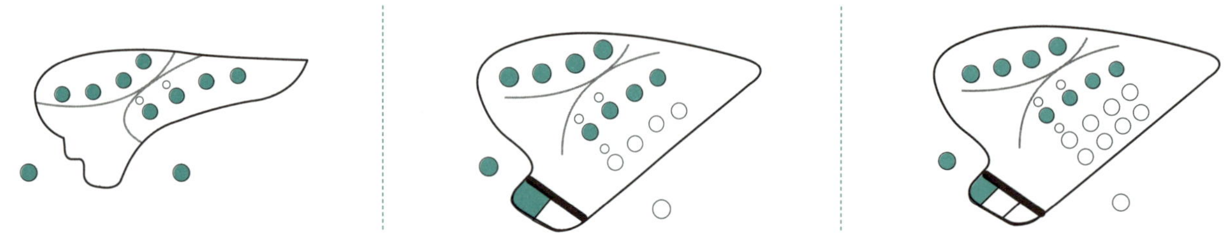

주의깊게 듣고 소리내기

♩=100
선생님
학생
투
투

연습곡 1

1 ♩ = 100
투
솔
투
파
투
미
투
레

2
투
파
투
미
투
레
투
도

3
투
레
투
미
투
파
투
솔

4
투
파
투
레
투
미
투
도

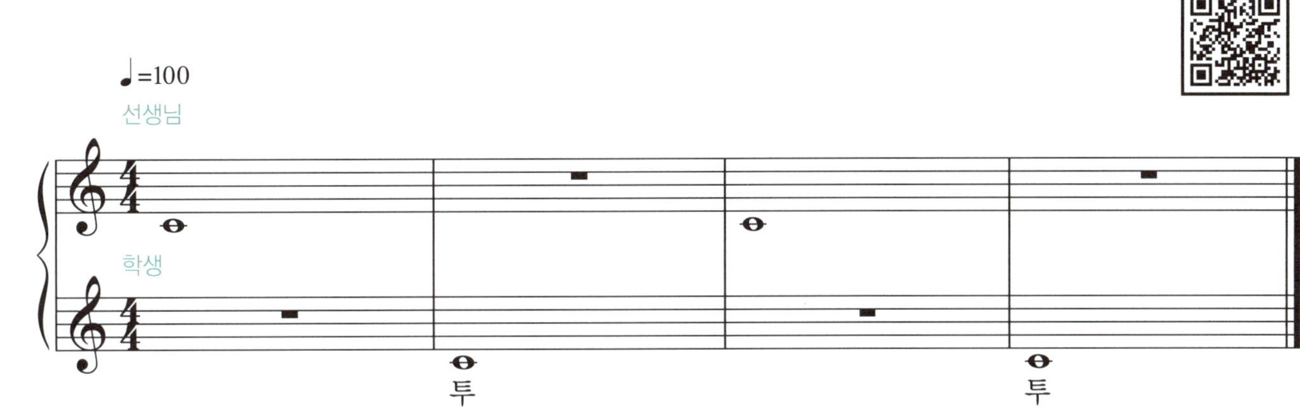

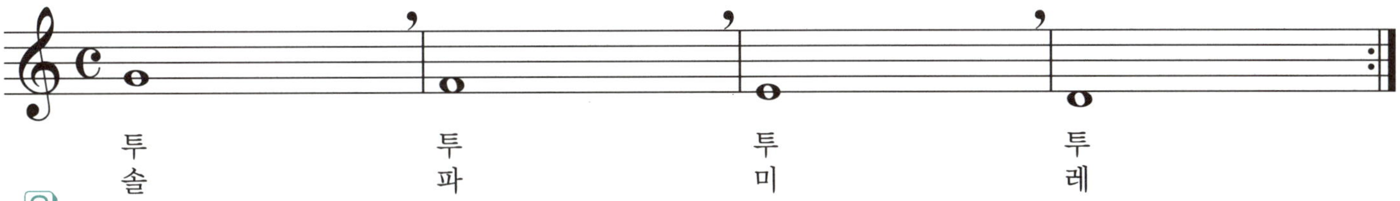

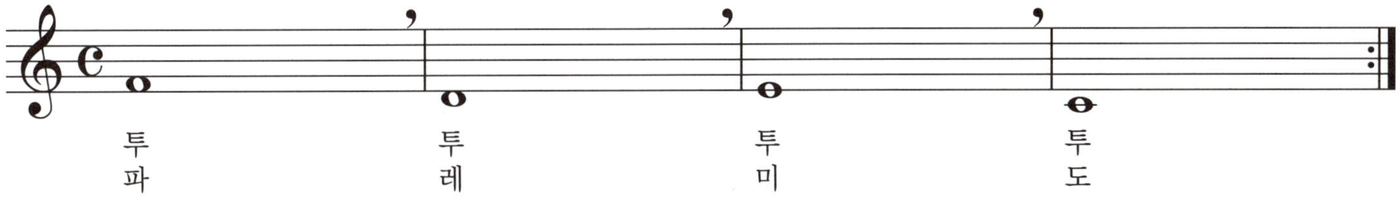

연습곡 2   2분음표 2분쉼표

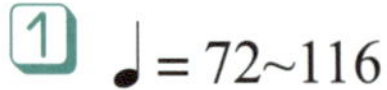

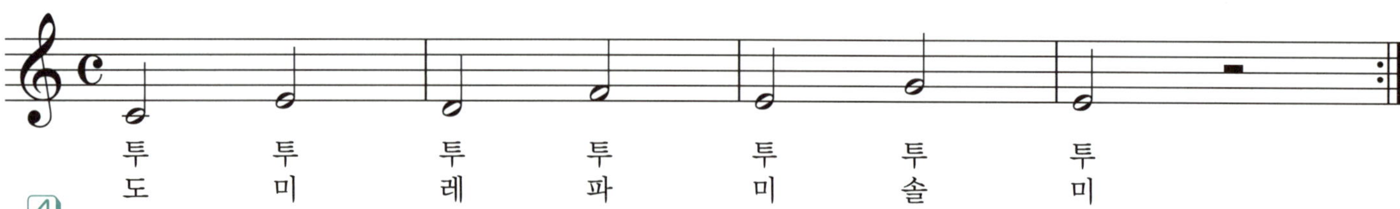

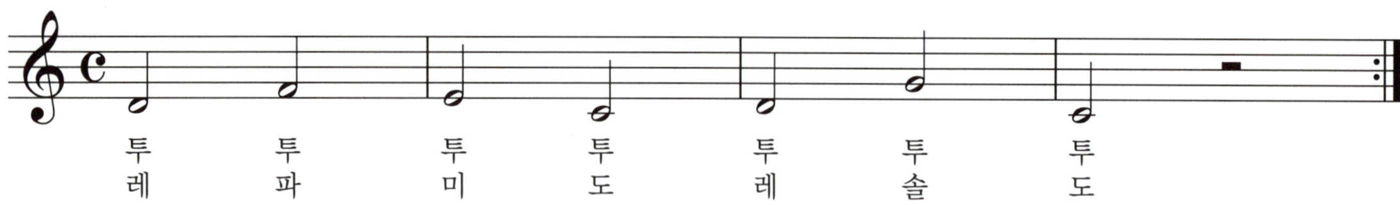

연습곡 3   4분음표 4분쉼표

나비야 (오른손 연습)

외국곡

보통빠르기로

31

꼬마 벌

반주QR

보통빠르기로

독일민요

오카리나송

반주QR

빠르게

제임스 정 작사/작곡

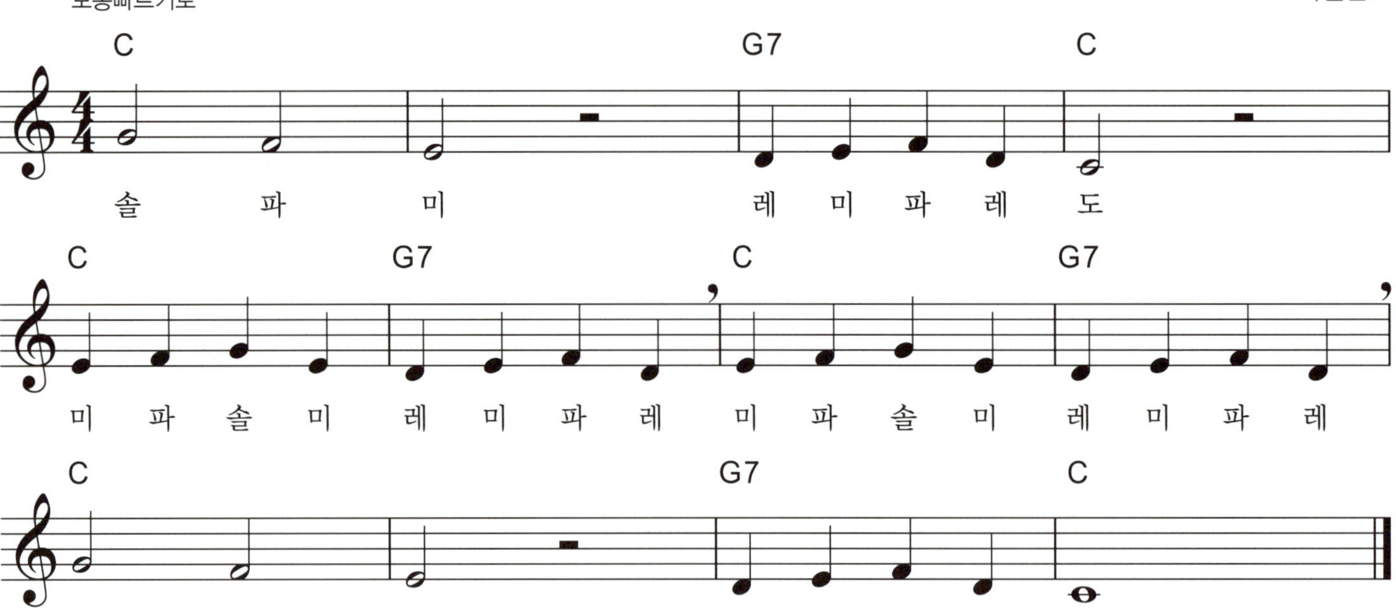

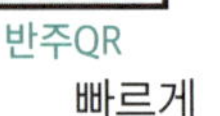

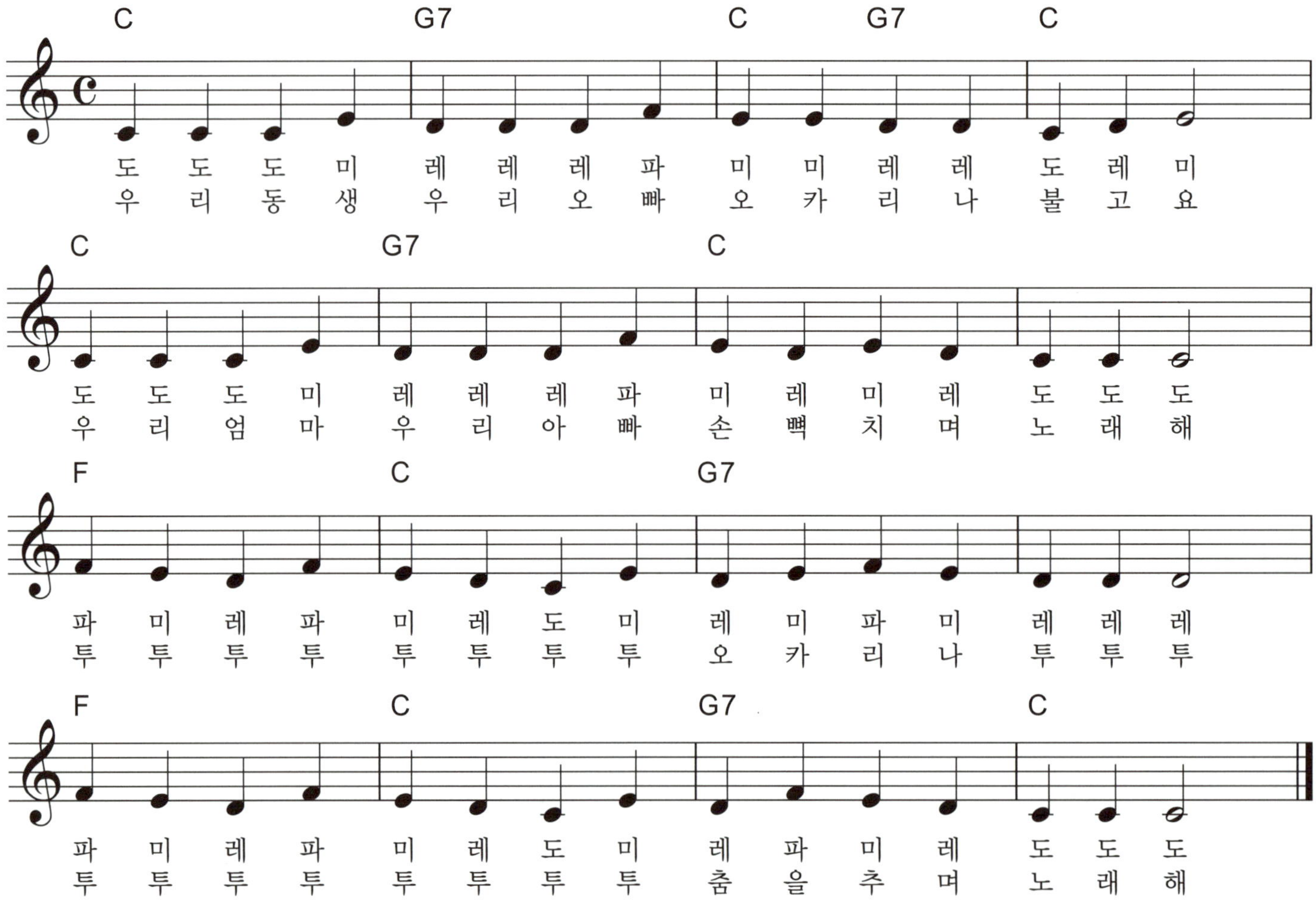

연습곡 4
점음표
1   ♩ = 100
투 투 투 투 투 투 투 투
도 레 미 파 솔 파 미 레
투 투 투 투 투 투 투
도 미 솔 미 도 솔 도
2
3/4
투 투 투 투 투 투 투 투 투 투
도 레 미 레 미 파 미 솔 도 레
투 투 투 투 투 투 투 투 투 투
도 레 미 레 미 파 미 솔 레 도
구두
김성균 작사/작곡
보통빠르기로
3/4
C   G7   C   G7
도 도 도 레 레 레 미 파 미 레
C   G7   C
도 도 도 레 레 레 미 파 레 도
G7   C   G
파 미 레 미 도 레
G7   C   G7   C
파 미 레 미 레 도

연습곡 5

8분음표

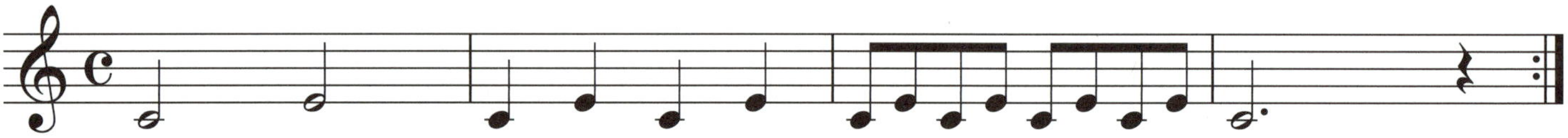

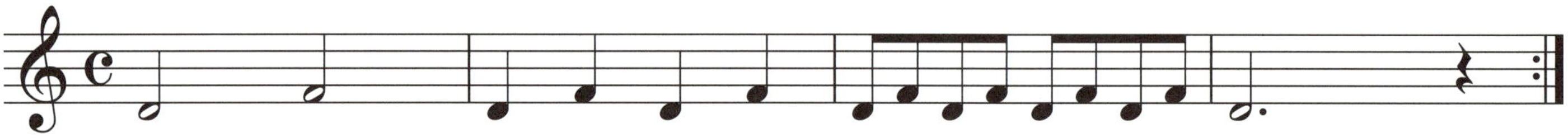

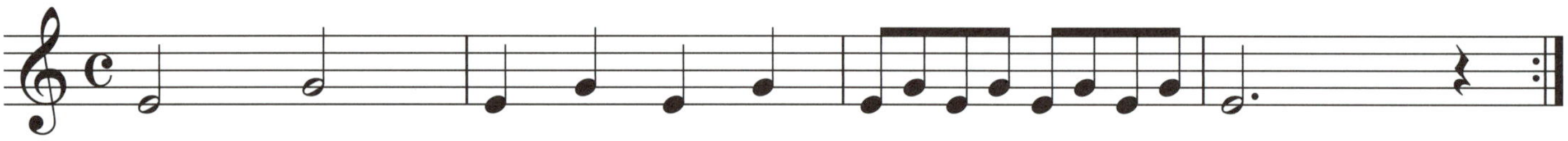

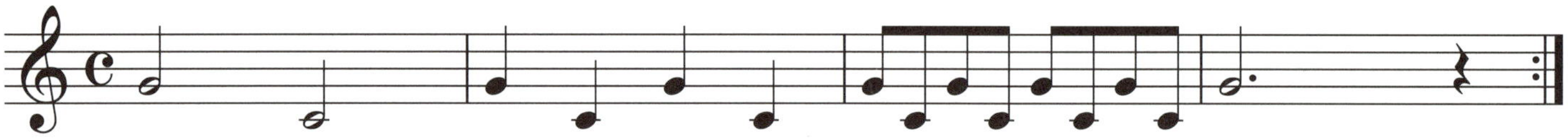

연습곡 6

거미

외국곡
조금 빠르게
C   G   C   C   G
도 도레미미미미 레도레미도   도 도레미미미미 레도레미도
C   G   C   C   G   C
미 미파솔 솔 파미파솔미   도 도레미 미 레도레미도
C   G   C   C   G   C
도 도레미미미미 레도레미도   도 도레미미미미 레도레미도

가을바람

김규환 작사/작곡
조금 빠르게
C   G7   C   G   C
솔솔솔솔미 솔 파파파파레 파 미미미미도 미 솔파미레도
G   C   G   C
레레레레레 레 도 미 솔 레레레레레 레 도 미 솔
C   G7   C   G   C
솔솔솔솔미 솔 파파파파레 파 미미미미도 미 솔파미레도

아침

박경종 작사/외국곡

조금 빠르게

털보영감

작사/작곡 미상
김준경 편곡

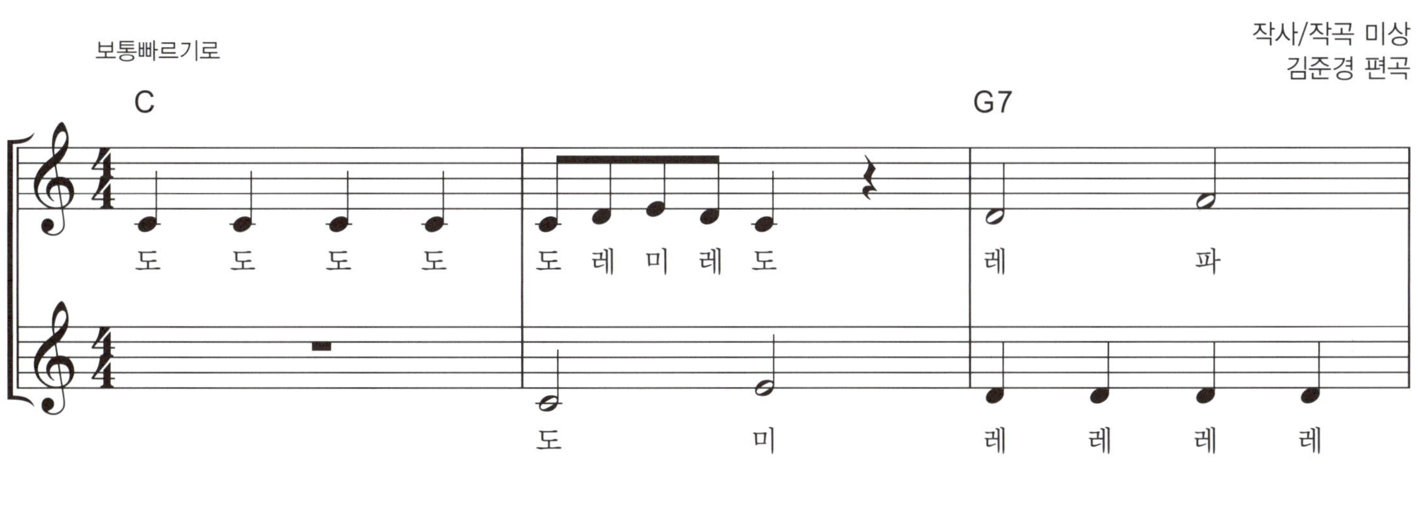

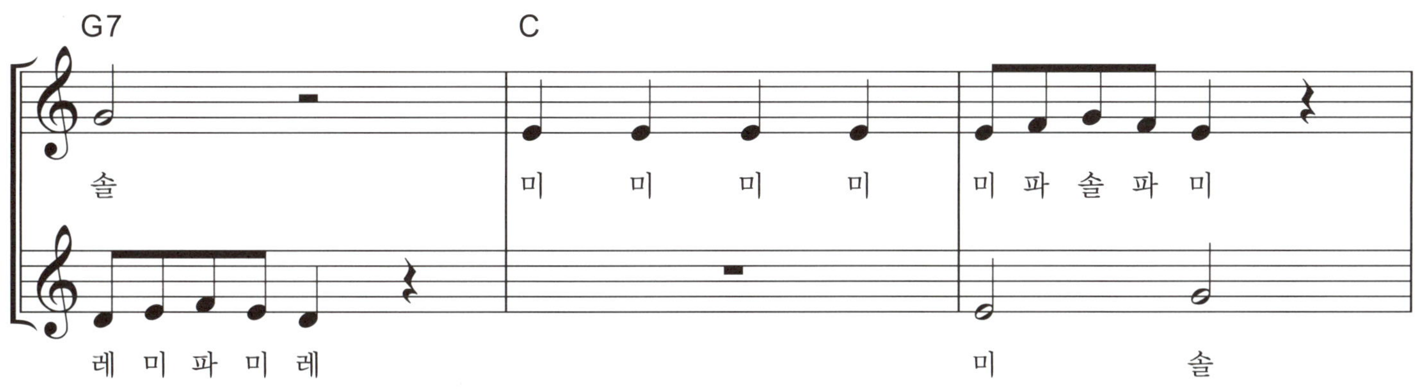

라(A)

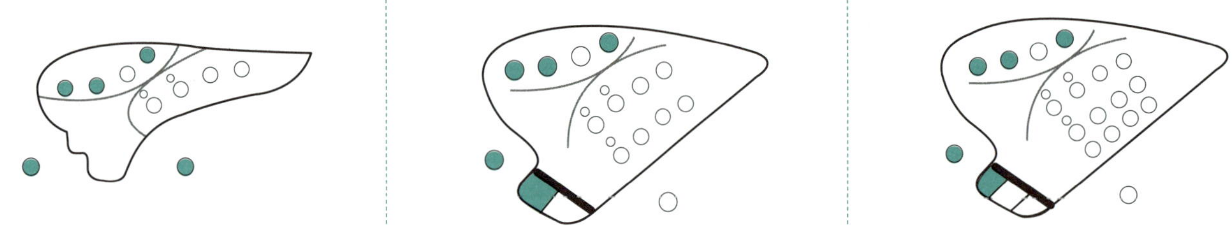

왼손 약지 손가락이 다른 손가락에 비해 움직임이 둔합니다. 17쪽 '테크닉을 위한 손가락 운동'을 참고
하여 평상시에도 손가락 운동을 자주 합니다.

주의깊게 듣고 소리내기

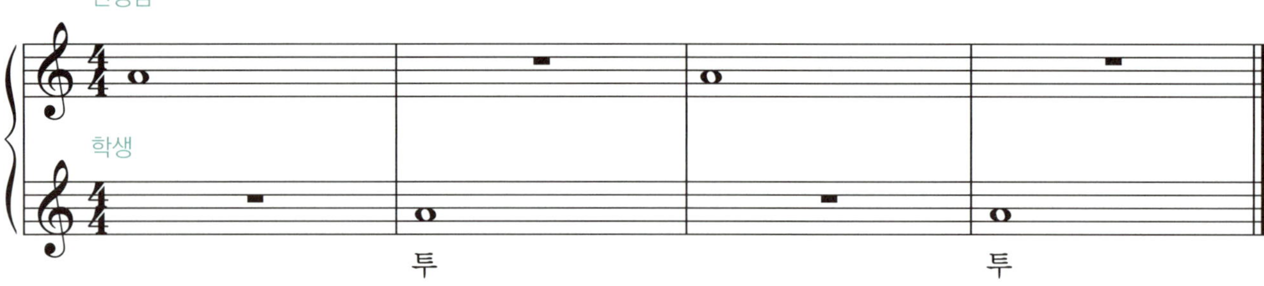

시(B)

선생님의 훌륭한 소리를 주의 깊게 듣고 똑같이 따라합니다.

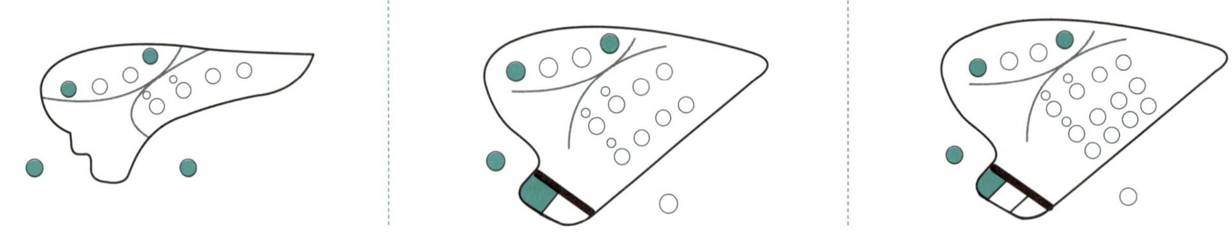

높은도(C)

구멍을 막지 않은 다른 손가락들은 펴지말고 계란을 쥐듯이 자연스럽게 구부립니다.

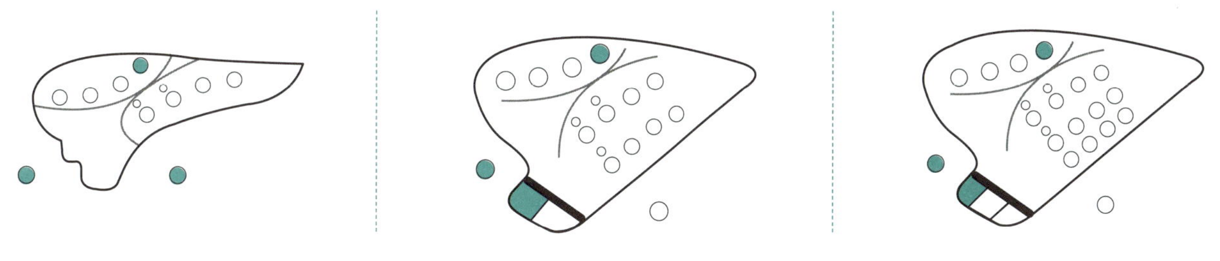

주의깊게 듣고 소리내기

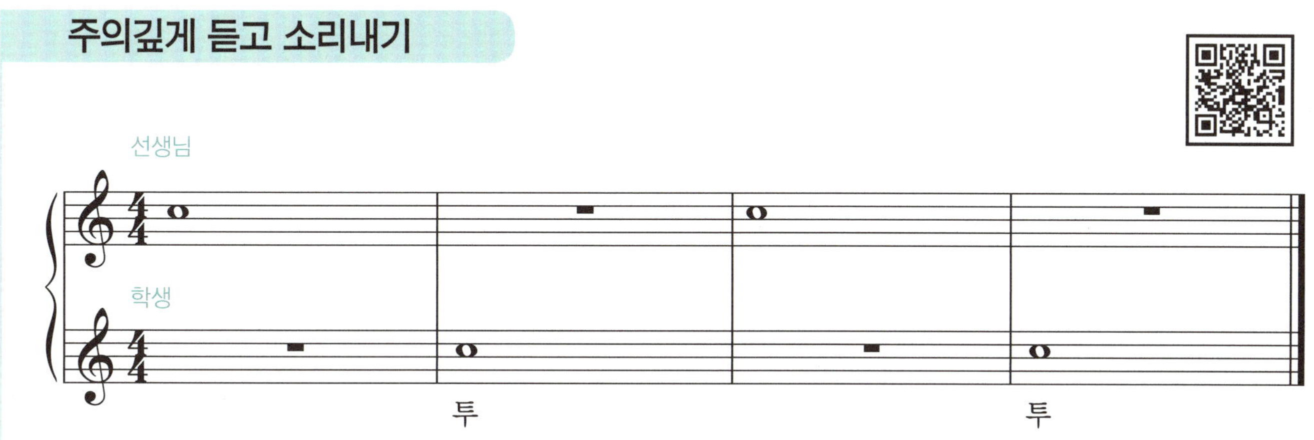

높은레(D)

오른손 새끼손가락으로 악기의 오른쪽 맨 끝을 지탱하여 악기의 균형을 유지합니다.

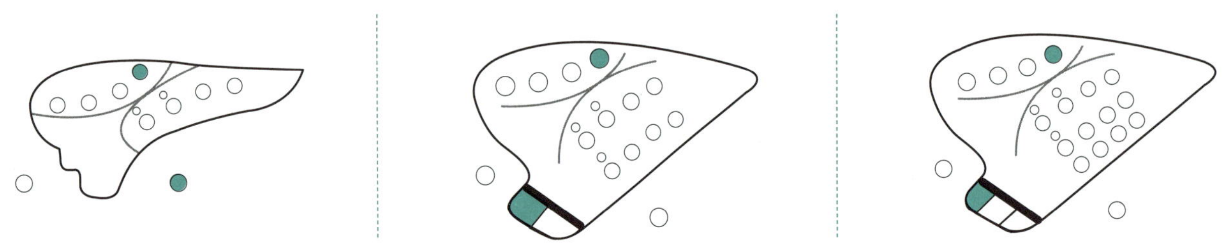

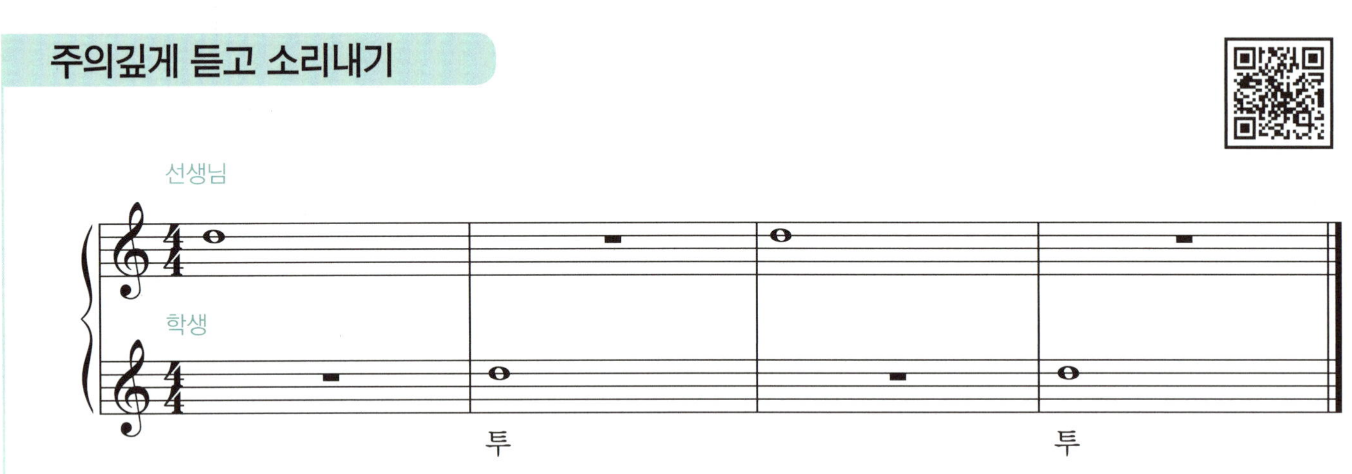

연습곡 7

연습곡 8

♩= 72~116
투 투 투 투 투 투
라 시 시 시 도 도
투 투 투 투 투 투 투
도 레 레 레 도 시 라

연습곡 9

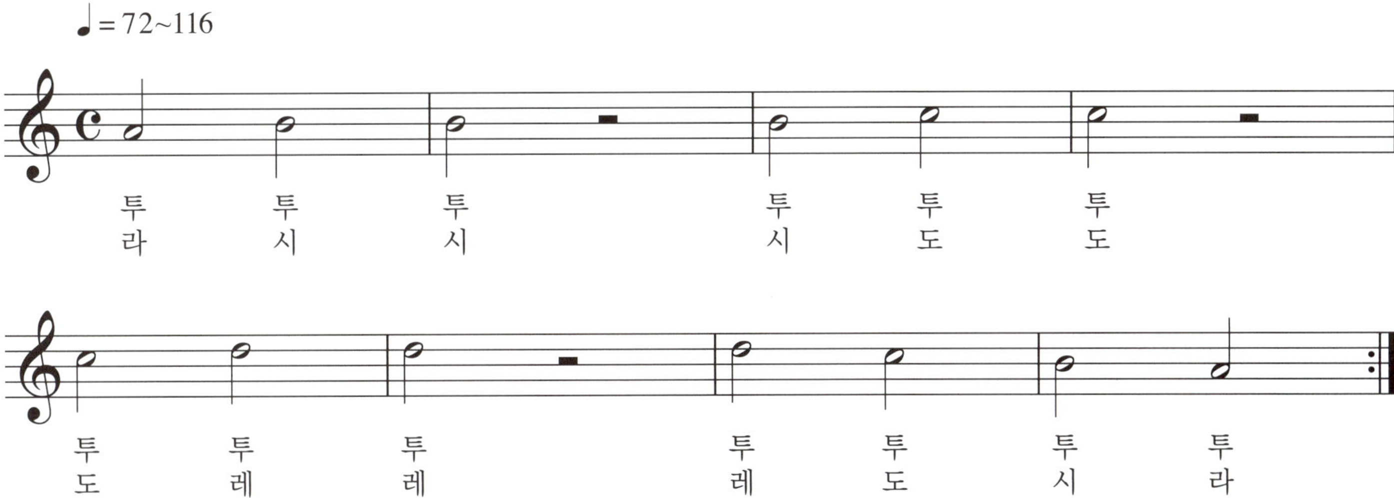

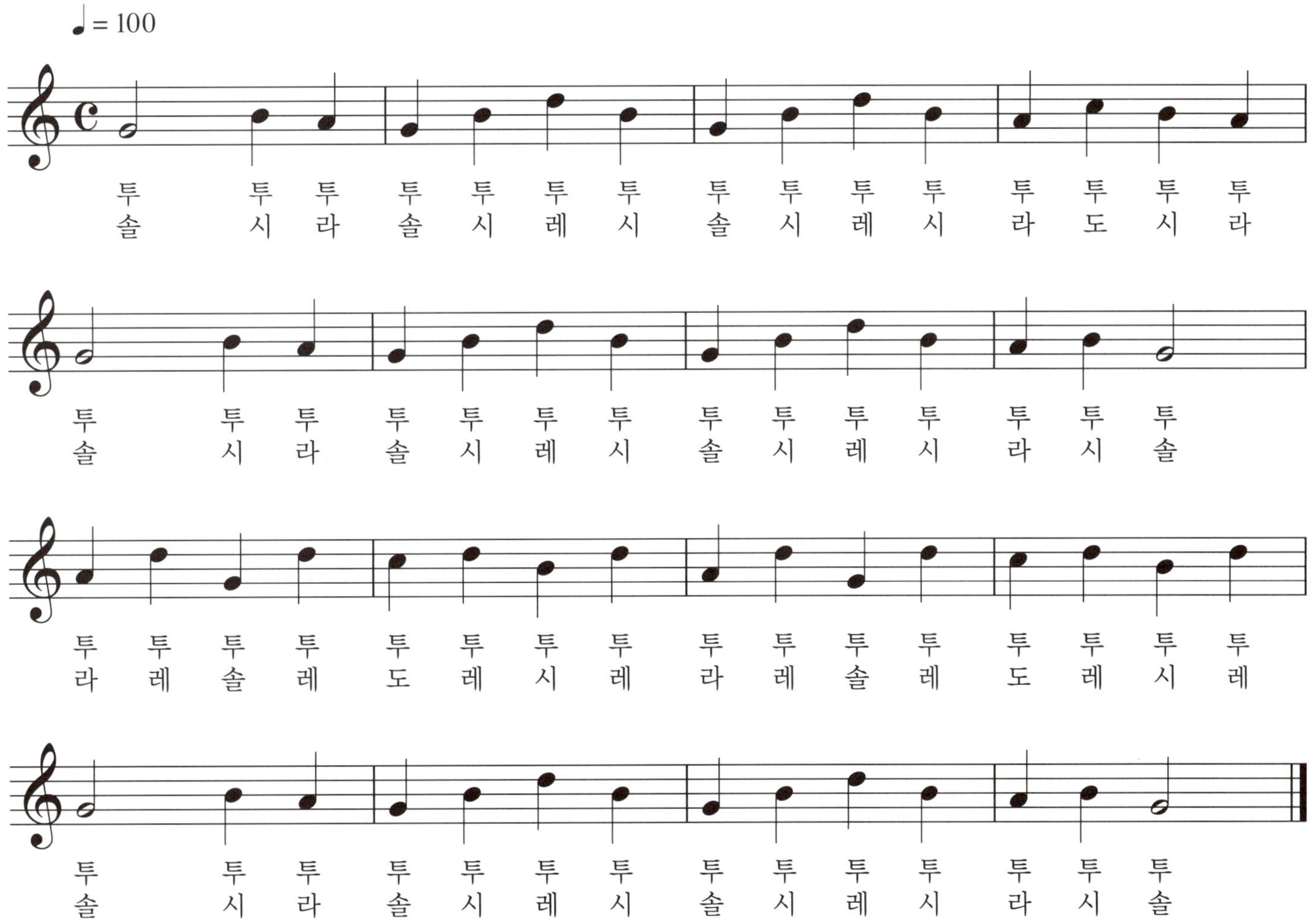
♩= 100
투 투 투 투 투 투 투 투 투 투 투 투 투 투 투
솔 시 라 솔 시 레 시 솔 시 레 시 라 도 시 라
투 투 투 투 투 투 투 투 투 투 투 투 투 투
솔 시 라 솔 시 레 시 솔 시 레 시 라 시 솔
투 투 투 투 투 투 투 투 투 투 투 투 투 투 투 투
라 레 솔 레 도 레 시 레 라 레 솔 레 도 레 시 레
투 투 투 투 투 투 투 투 투 투 투 투 투 투
솔 시 라 솔 시 레 시 솔 시 레 시 라 시 솔

나비야 (왼손 연습)

외국곡
보통빠르게
G D7 G D
레 시 시 도 라 라 솔 라 시 도 레 레 레
G D7 G
레 시 시 시 도 라 라 라 솔 시 레 레 시 시 시
D7 G
라 라 라 라 라 시 도 시 시 시 시 시 도 레
G D7 G
레 시 시 도 라 라 솔 시 레 레 시 시 시

뻐꾸기

오스트리아 민요
윤석중 작사
보통빠르게
G D7 G
레 시 레 시 라 솔 라 솔
D7 G
라 라 시 도 라 시 시 도 레 시
G D7 G
레 시 레 시 도 시 라 솔

연습곡 10

1 ♩ = 72~116
투 투 투 투 투 투 투투투투투투투투 투
솔 라 솔 라 솔 라 솔라솔라솔라솔라 솔

2
투 투 투 투 투 투 투투투투투투투투 투
라 시 라 시 라 시 라시라시라시라시 라

3
투 투 투 투 투 투 투투투투투투투투 투
시 도 시 도 시 도 시도시도시도시도 시

4
투 투 투 투 투 투 투투투투투투투투 투
도 레 도 레 도 레 도레도레도레도레 도

연습곡 11

♩ = 100
투 투투 투 투투 투 투투 투 투투
시 도레 솔 라시 도 시라 시 라솔

투 투투 투투 투투 투 투 투투 투 투
시 도레 투시솔 라시 솔 도 시라 시 솔

캉캉

오펜바흐 작곡

조금 빠르게

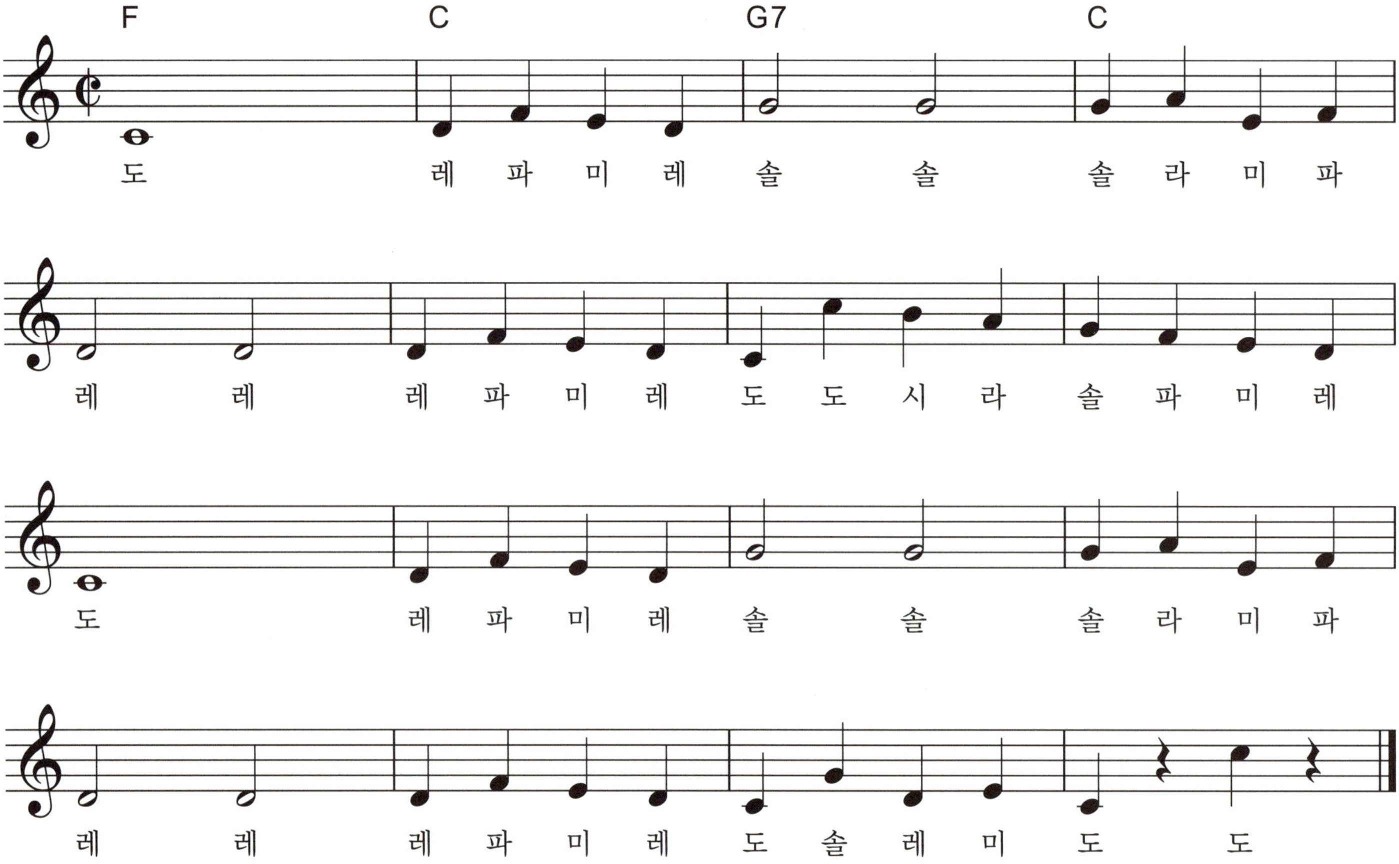

수박파티

김영광 작사 / 오상철 작곡

보통빠르기로

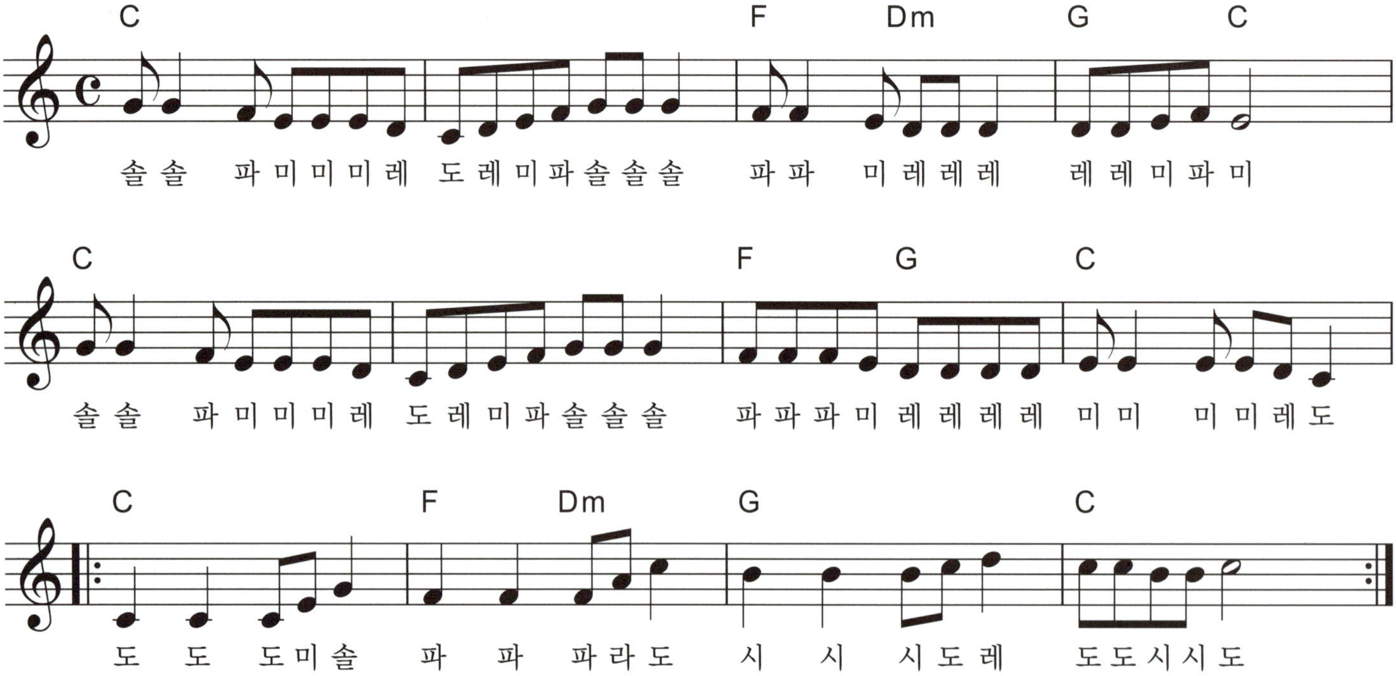

도깨비 나라

조개껍질 묶어

어머님 은혜

윤춘병 작사 / 박재훈 작곡

보통빠르기로

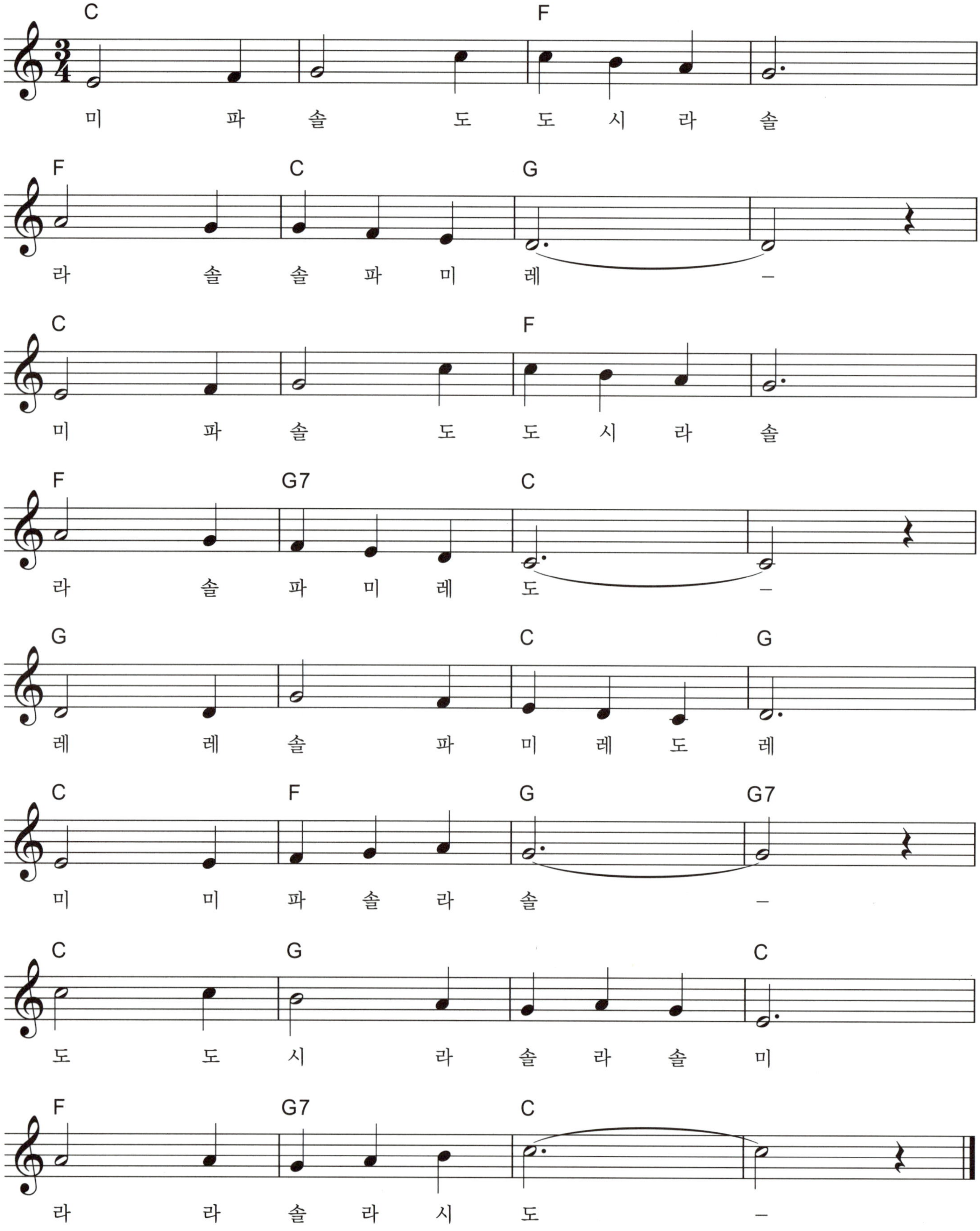

카고메와 이누야샤

와다 카오루 작곡

조금 빠르게

레 라 솔 파 미 레도 레 라시 도 도 시 라솔

라 — 레 라 솔 파 미 레도 레 레미

파 미 레 도 미 레 — 파솔라 도 시 라솔

라 파 라 솔 파솔라 도 레 도시 라 — 파솔

라 도 시 라솔 라 파 라 솔 레미파 미파 솔파솔

라 — 레 라 솔 파 미 레도 레 라시

도 도 시 라솔라 — 레 라 솔 파

미 레도 레 레미파 미 레 도 미 레 —

루돌프 사슴코

J. 마크스 작곡

빠르게
솔라 솔미 도 라 솔   솔 라솔 라솔 도 시
파 솔 파 레 시 라 솔   솔 라솔 라솔 라 미
솔라 솔미 도 라 솔   솔 라솔 라솔 도 시
파 솔 파 레 시 라 솔   솔 라솔 라솔 레 도
라 라 도 라 솔 미 솔   파 라 솔 파 미
레 미 솔 라 시 시 시   도 도 시 라 솔 파레 —
솔라 솔미 도 라 솔   솔 라솔 라솔 도 시
파 솔 파 레 시 라 솔   솔 라솔 라솔 레 도

48

오블라디 오블라다

J.레논, P.매카트니 작곡

창밖을 보라

L. 포터, T. 미첼 작사 / 작곡
김준경 편곡

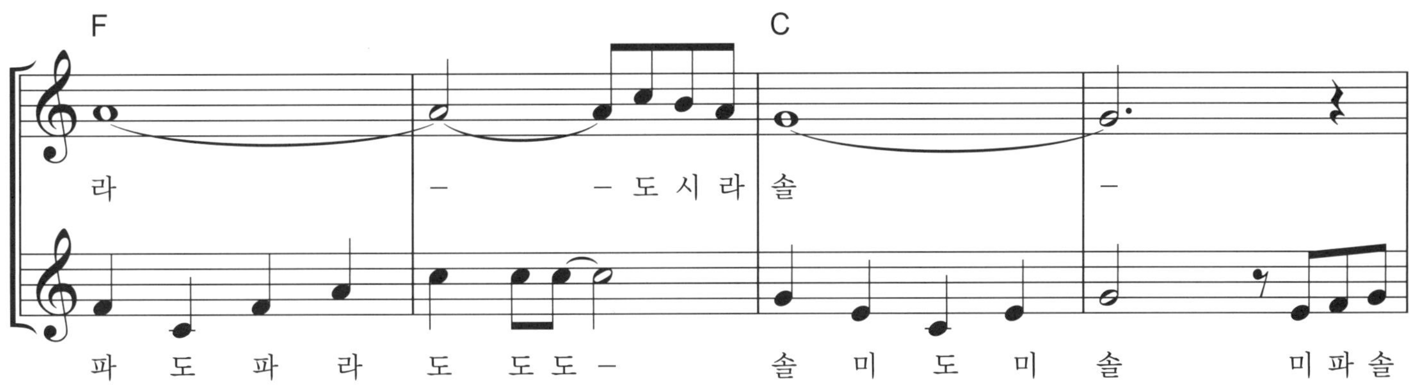

F
C
라 ― ― 도 시 라 솔 ―
파 도 파 라 도 도 도 ― 솔 미 도 미 솔 미 파 솔

F
D7
G7
파 도 파 라 도 도 도 ― 도 레 도 시 라 솔 라 시
파 ― ― 라 솔 파 레 레 솔 솔 솔

C
G7
솔 솔 솔 솔 미 솔 솔 솔 솔 미 솔 솔 미 솔 도 시
미 미 미 미 도 미 미 미 미 도 미 미 도 미 솔 솔

G7
C
레 레 레 레 도 시 시 시 시 라 솔 솔 솔 라 시 도
시 시 시 시 라 솔 솔 솔 솔 파 미 미 미 파 파 미

낮은시(B)

오카리나는 낮은음을 낼 때 정확한 운지도 중요하지만 입김의 세기를 약하게 하여 조율을 합니다.

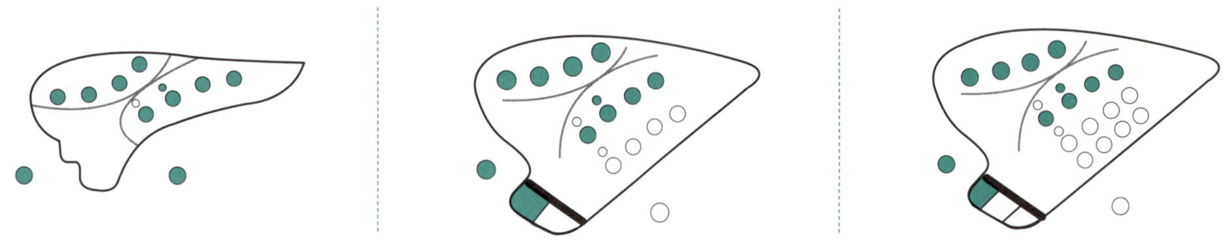

주의깊게 듣고 소리내기

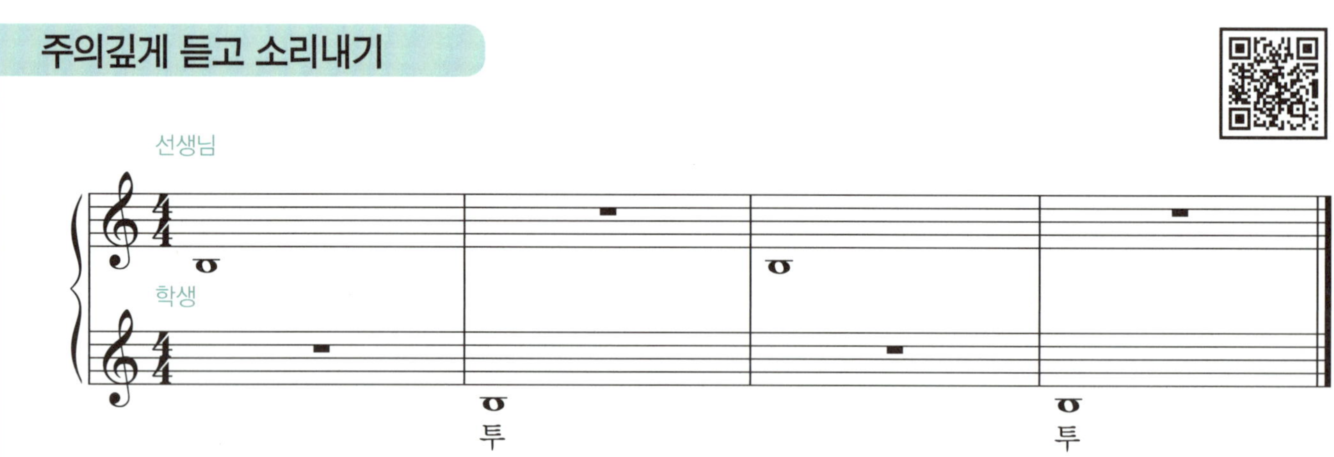

낮은라(A)

오카리나의 모든 운지구멍을 막으면 낮은 라음이 됩니다. 입김의 세기를 더욱 약하게 하여 조율을 합니다.

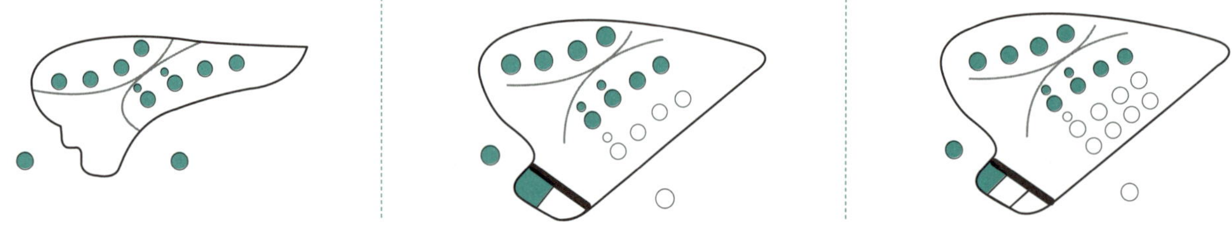

주의깊게 듣고 소리내기
선생님
학생
투
투

연습곡 12

♩ = 100
투
도
투
시
투
라
투
시
투
도
투
시
투
도
투
라

연습곡 13

♩ = 72~116
투
도
투
시
투
시
투
시
투
라
투
라
투
도
투
시
투
라
투
라
투
시
투
도

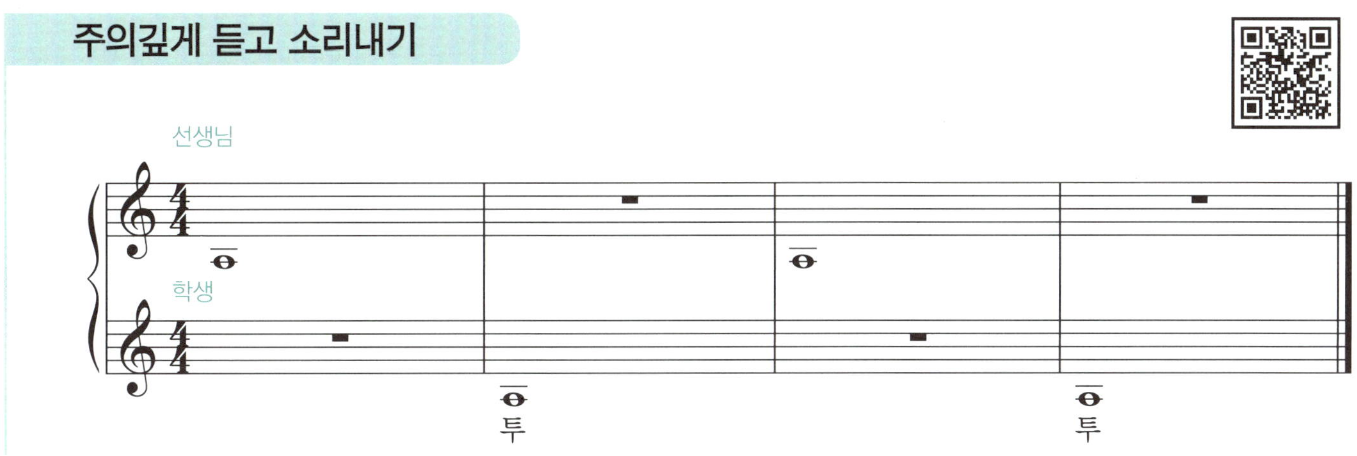

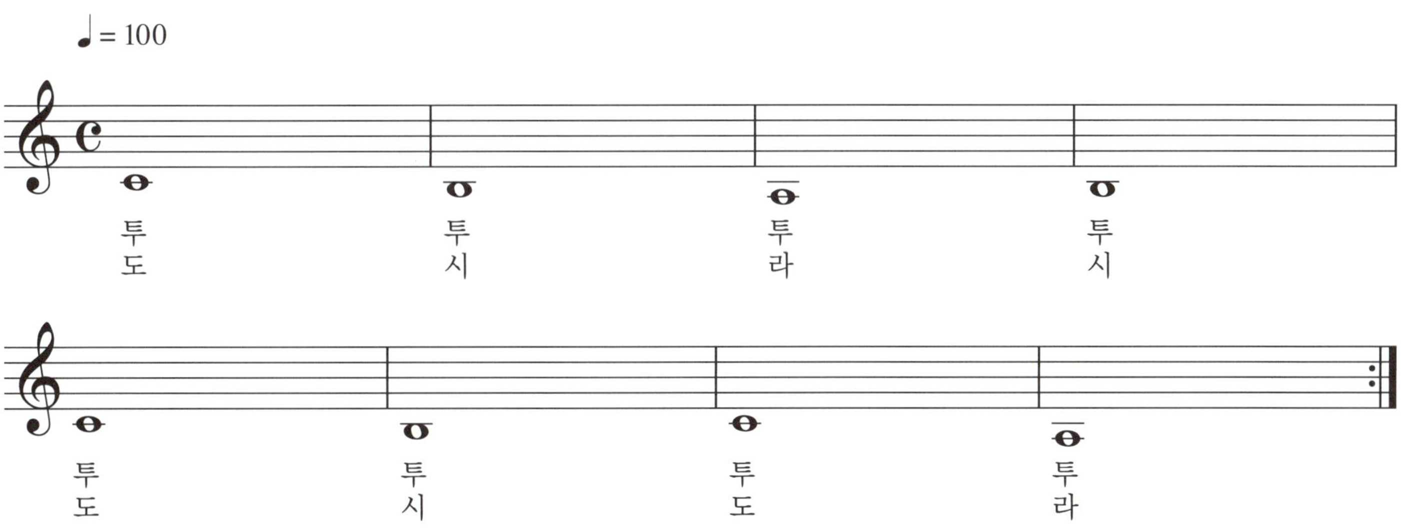

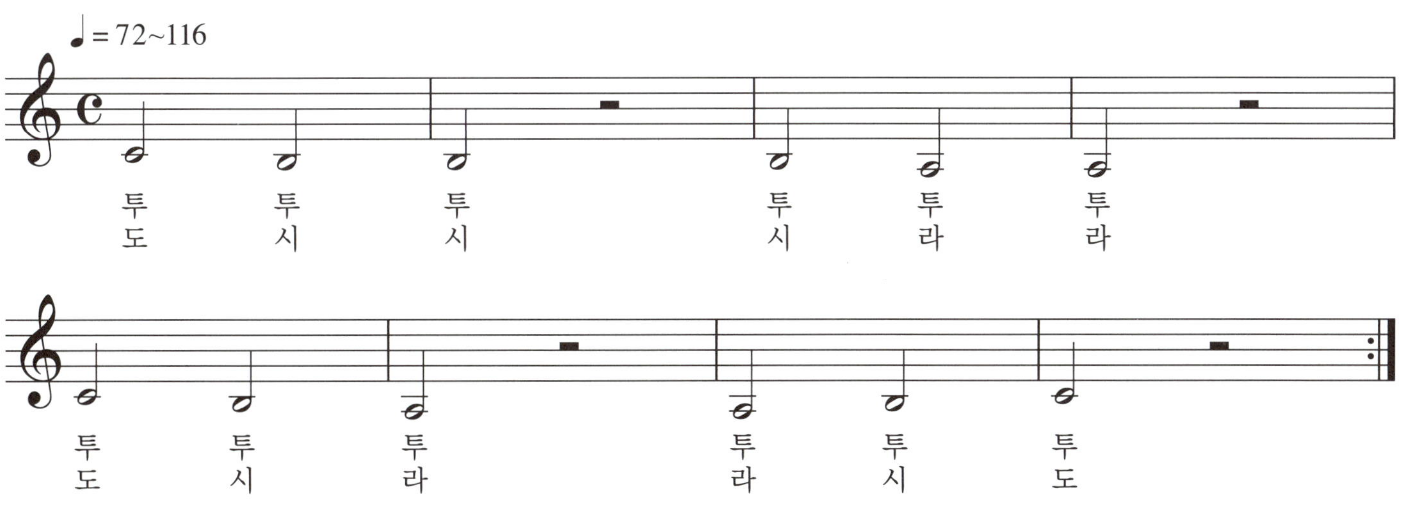

연습곡 14

♩= 72~116
투 투 투 투 투 투 투투투투투투투투 투
도 시 도 시 도 시 도시도시도시도시 도
투 투 투 투 투 투 투투투투투투투투 투
시 라 시 라 시 라 시라시라시라시라 시
투 투 투 투 투 투 투투투투투투투투 투
도 라 도 라 도 라 도라도라도라도라 도

연습곡 15

투 투 투 투 투 투 투 투 투 투
도 시 도 시 라 시 도 시 도
투투투투투 투 투투투투투 투 투투투투투투투투 투 투 투
도도시시도 도 시시라라시 시 도시라시도시라시 도 시 도

매미

이태선 작사 / 박재훈 작곡

안녕 친구여

그대로 멈춰라

김방옥 작사 / 작곡

바윗돌 깨뜨려

윤석중 작사 / 전석환 작곡

당신의 소중한 사람

보통빠르게
노르웨이 민요
도 레 미 솔 파 미 레 파 미 레 도 미 솔 라 라 라
솔 미 솔 파 시 도 － 도 레
미 솔 파 미 레 파 미 레 도 미 솔 라 라 시 라
솔 미 솔 파 시 도 － 도 도
시 솔 시 레 도 시 라 솔 레 파 미 도 도
시 시 시 도 시 라 솔 피 솔 도 레
미 솔 파 미 레 파 미 레 도 미 솔 라 라 라
솔 미 솔 파 시 도 －

독도는 우리 땅

박문영 작사 / 작곡
김준경 편곡

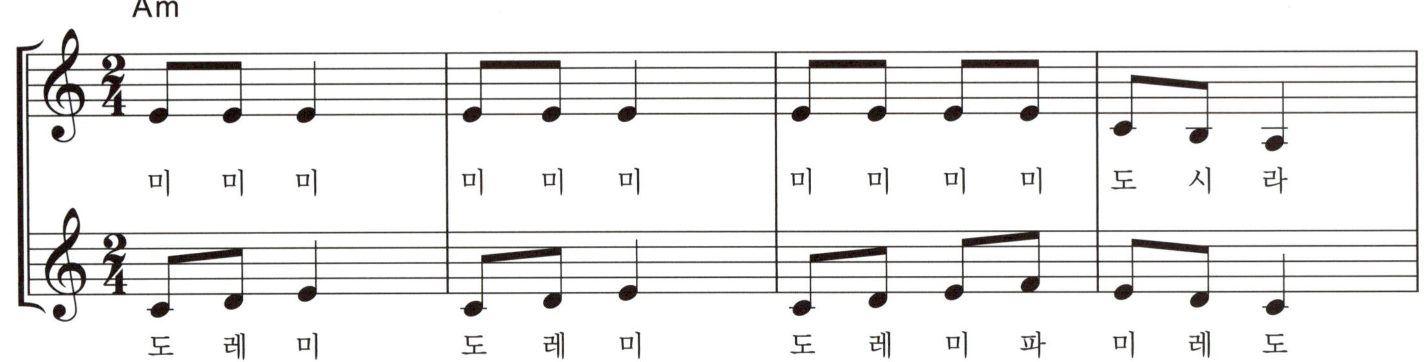

높은미(E)

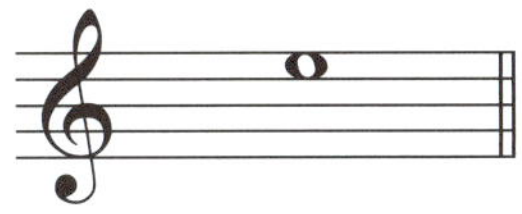

싱글오카리나는 높은 '레' 운지에서 오른손 엄지 손가락 마디를 90도 꺾어서 구멍을 열고 오카리나를 지탱하여 소리를 내는 운지법과 오토바이의 핸드그립처럼 오른손 전체를 앞으로 구부리면서 오른손 엄지 손가락을 열고 내는 운지법(이태리 부드리오 스타일) 등이 있습니다. 더블, 트리플오카리나는 오른손 엄지 손가락으로 2관 아래 구멍을 막고 2관을 붑니다.

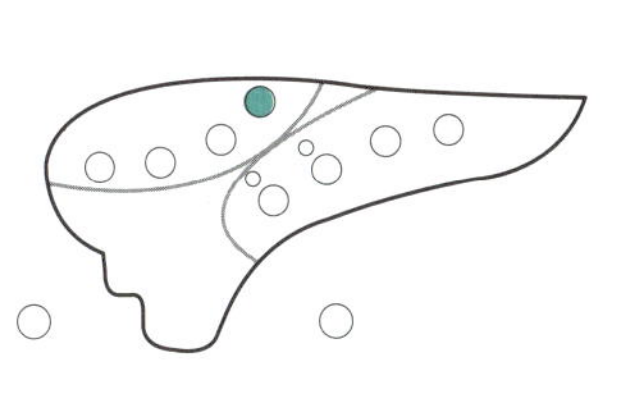
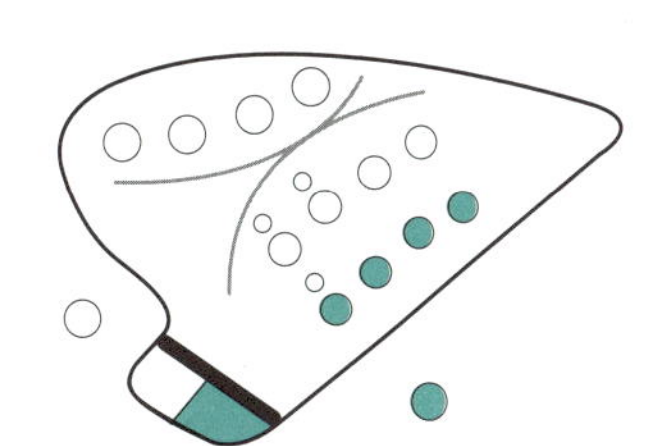
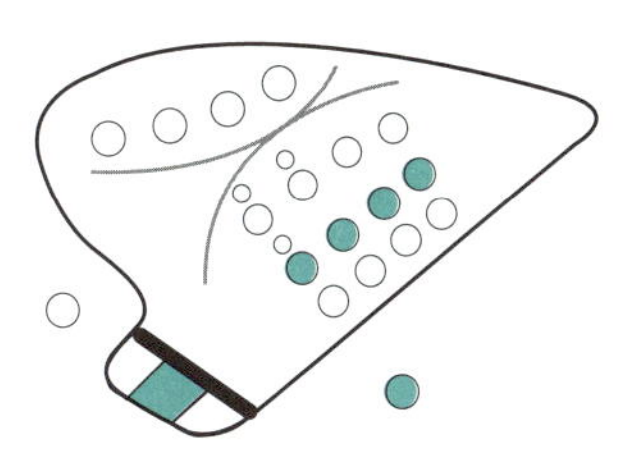

주의깊게 듣고 소리내기

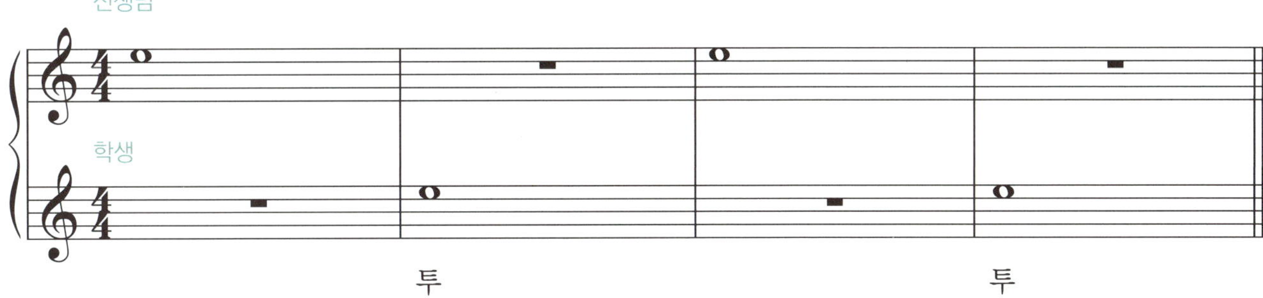

높은파(F)

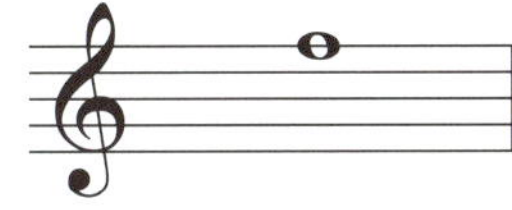

싱글오카리나는 높은 미 운지에서 오카리나의 모든 구멍을 열고 입김을 세게 붑니다. 더블, 트리플오카리나는 오른손 엄지 손가락으로 2관 아래 구멍을 막고 2관을 붑니다.

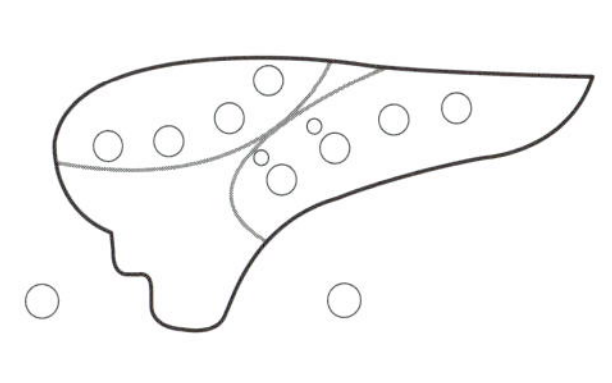
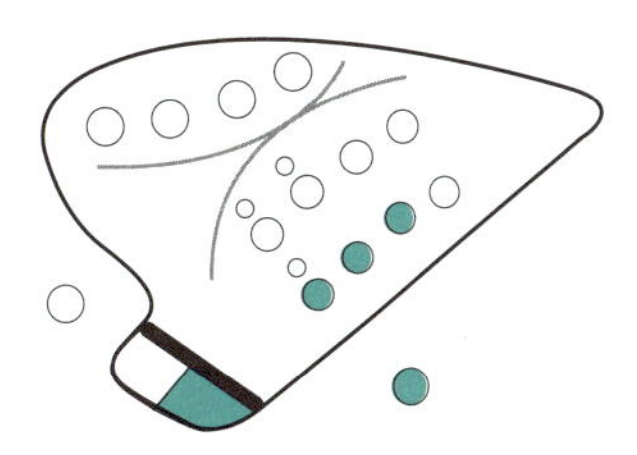
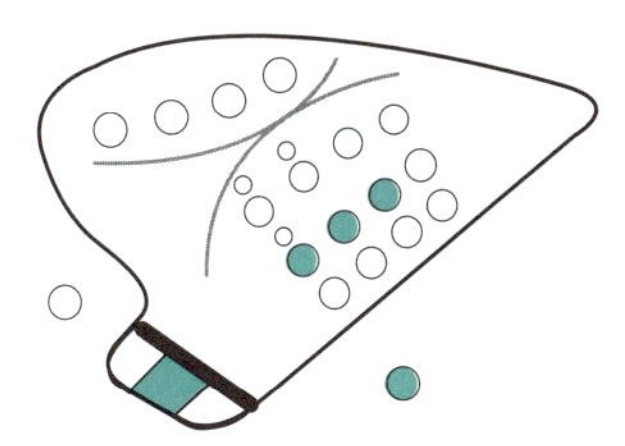

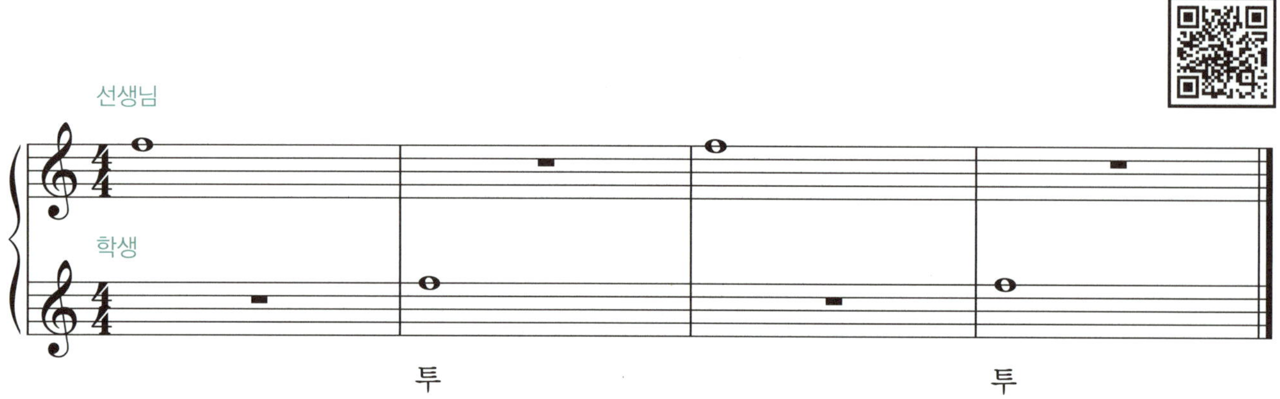

연습곡 16

1

2

연습곡 17

1

2

아우라 리

미국 민요

느리게

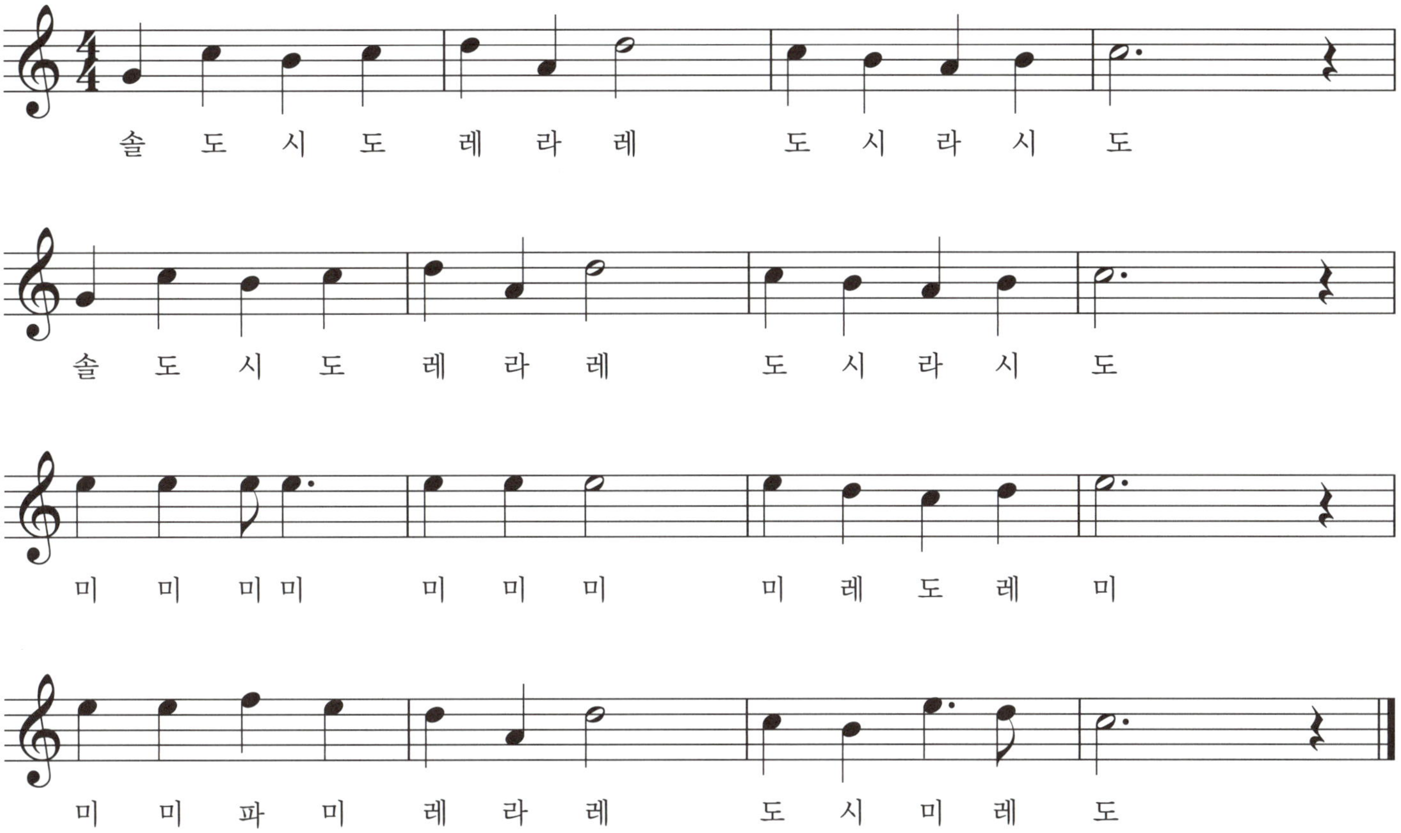

기찻길 옆

윤석중 작사 / 윤극영 작곡

보통빠르게

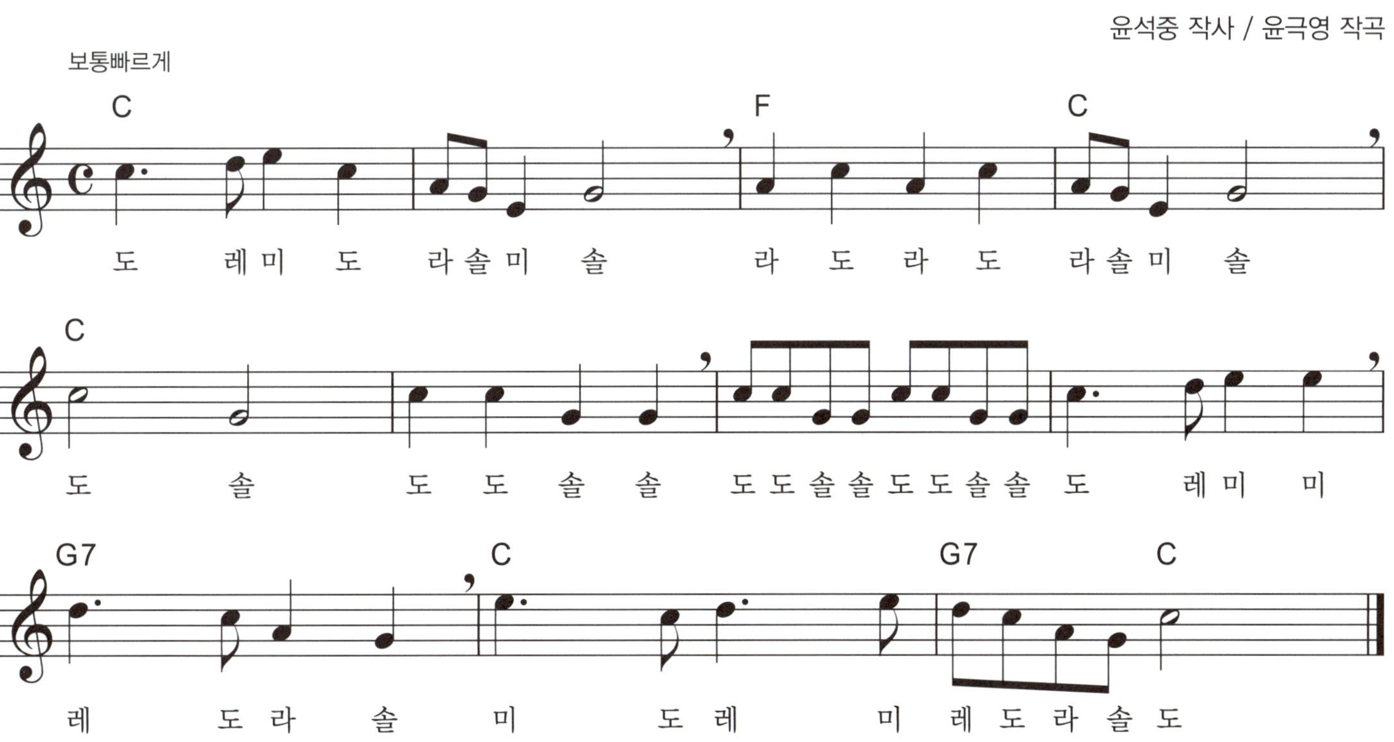

갈색 꽃병 변주곡

보통빠르게

미국민요

사랑의 기쁨

느리게

J. P. 마르티니 작곡

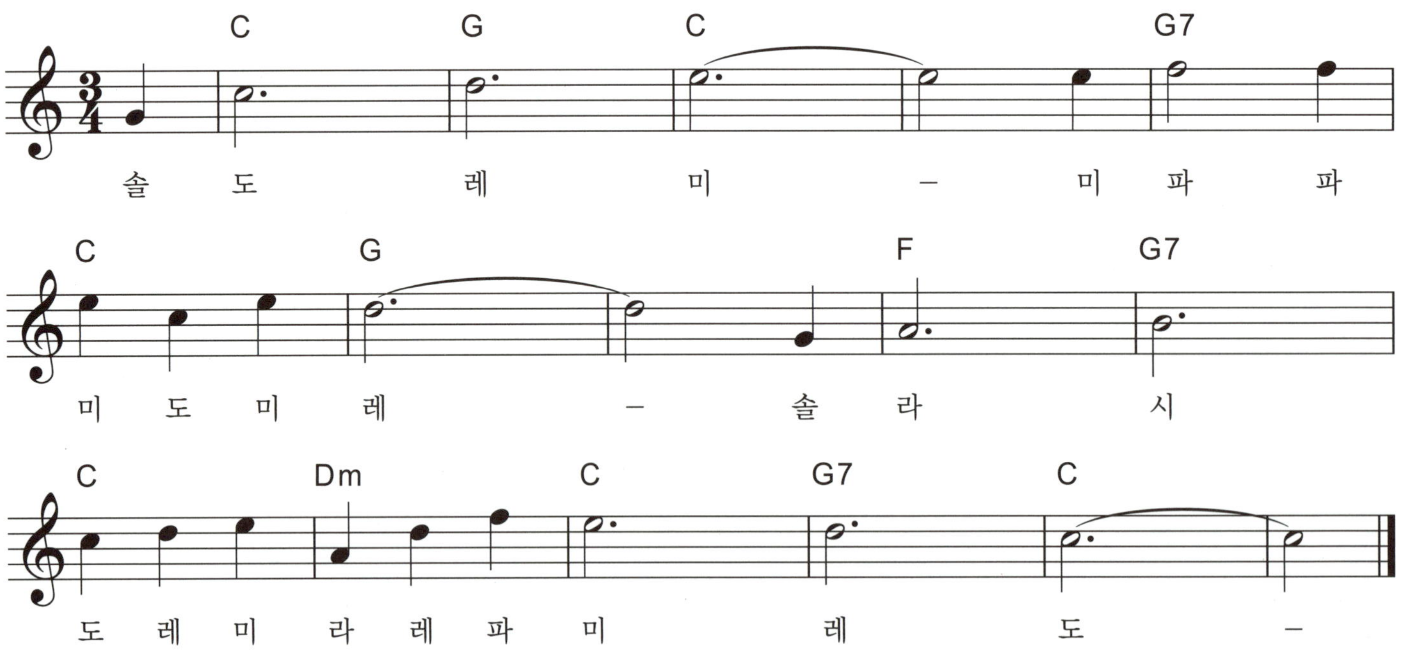

고요한 밤 거룩한 밤

F. 그루버 작곡

느리게

반달

윤극영 작사 / 작곡

보통빠르게

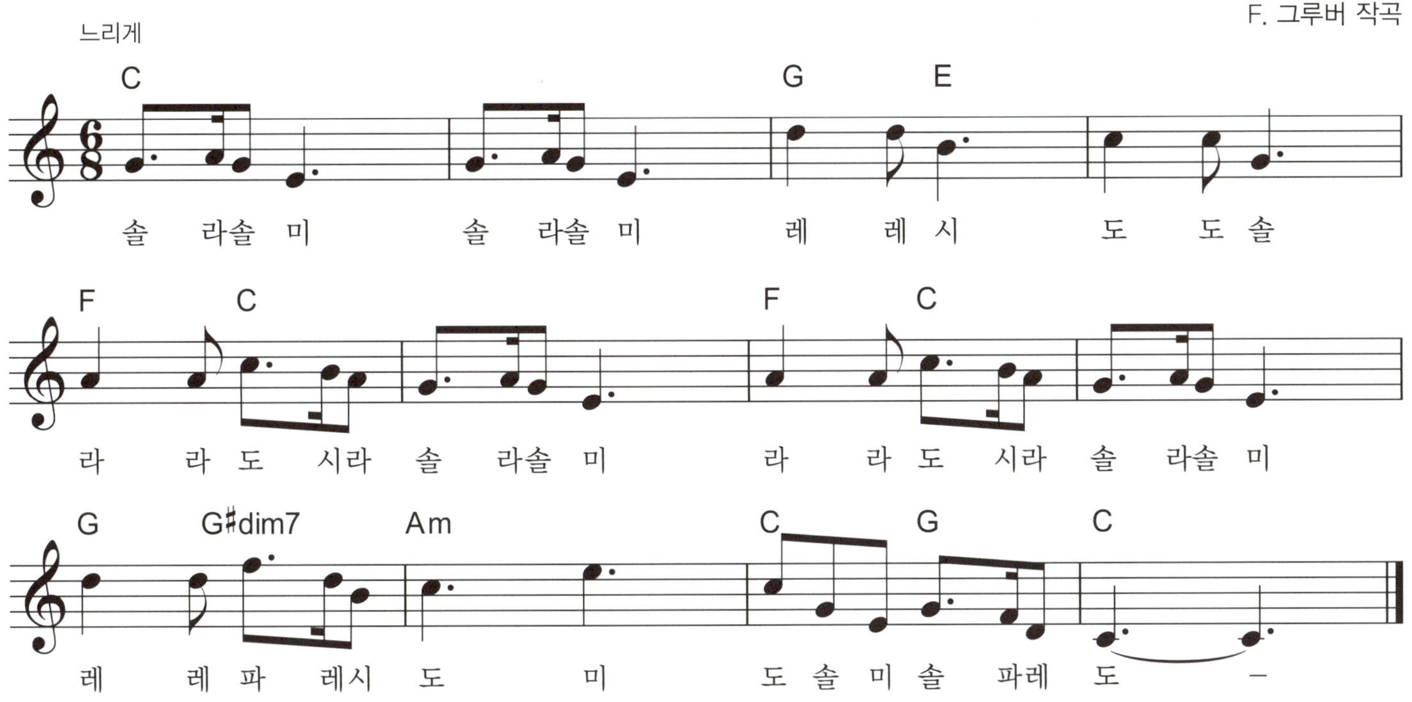

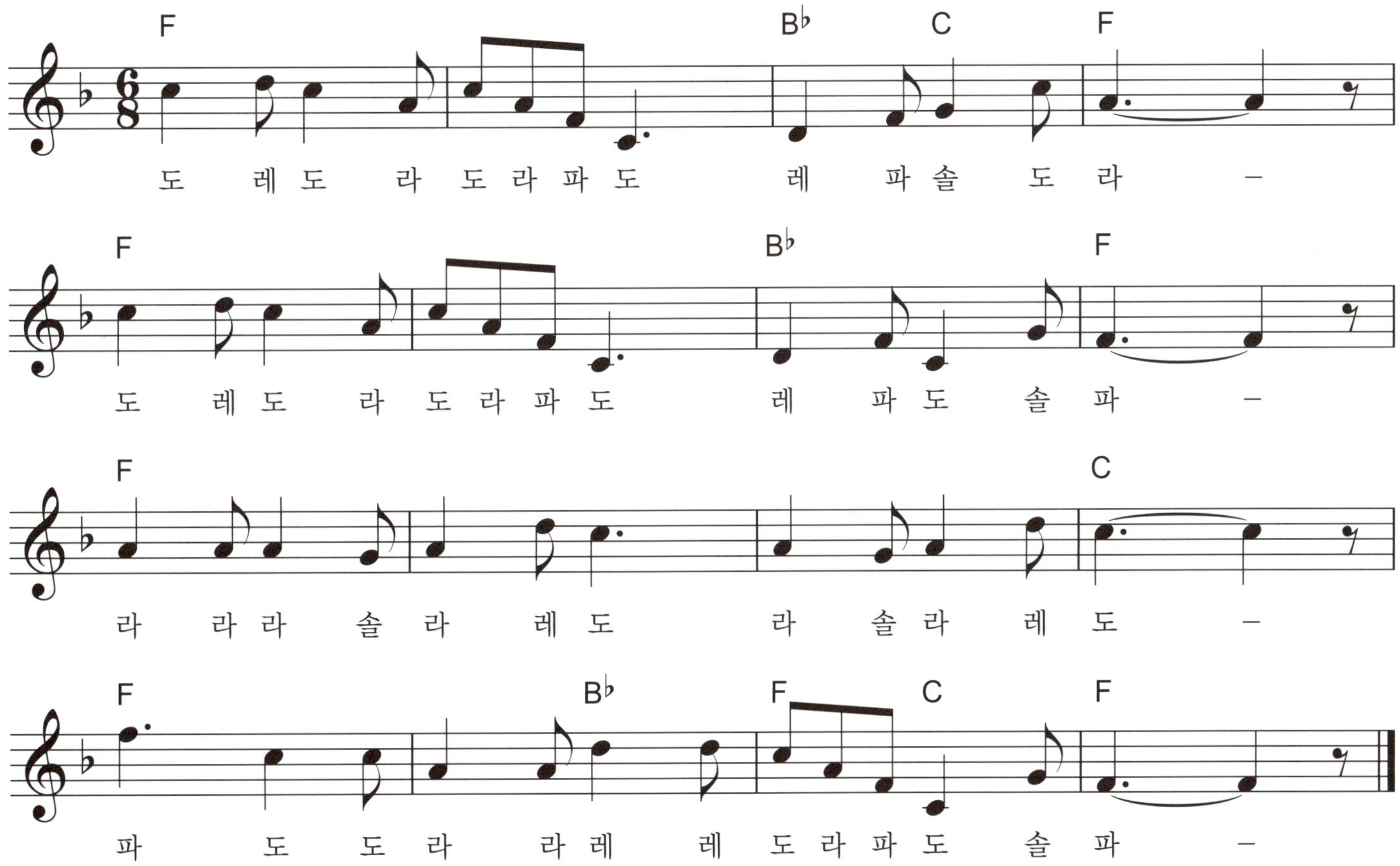

아빠 힘내세요

권순연 작사 / 한수성 작곡

보통빠르게
미 미미 미파솔라 라솔 솔솔 레레 레라도 시 -시라솔
파 파 파솔 라 솔솔- 솔솔라 -도시라 솔
미 미미 미파솔라 라솔 솔솔 레레 레라도 시 -시라솔
파파 파솔라 솔 솔도 라라 레 -레도시 도
미 미 미 레미미레도- 도 도 도 시도 라솔-
파 파 파라 솔솔솔도- 도 라 -미레도 레
미 미 미미레 도 도시라 -라도미 레 미 미 미미레
파 미레도 시시 도 라 시시 도

사랑을 했다

들꽃에 비친 하늘

권혁 작사 / 작곡

C
미 도 파 － 미 레 － 레미파솔 －레 도 －
F
G
라 시 도 － 라 시 도 －레 레 － 솔
C
F
G7
C
미 레도 －시 라 － 시 도레 －파 미 － 라시
C
F
C
도 시라 －솔 파 미파 －솔 솔 －
F
G7
C
파 미파 －도 시 － 라솔 －파 미 레미 －레 도 －
F
C
1.
2.C
라 시도 － 도 시라 －시 도 － － － 도
F
G7
C
파 미파 －도 시 － 라솔 －파 미 레미 －레 도 －
F
C
라 시도 － 도 시라 －시 도 － －

남촌

김동환 작사 / 김규환 작곡

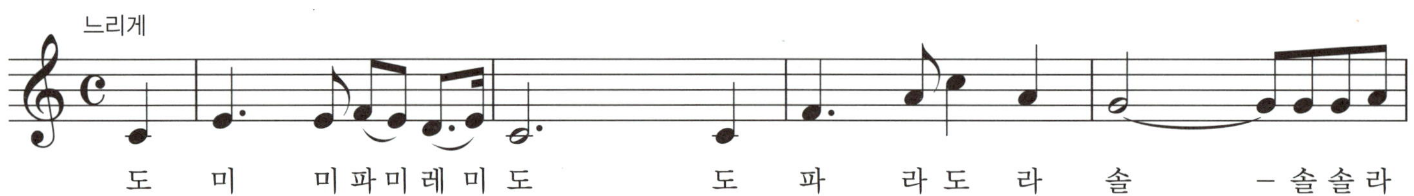

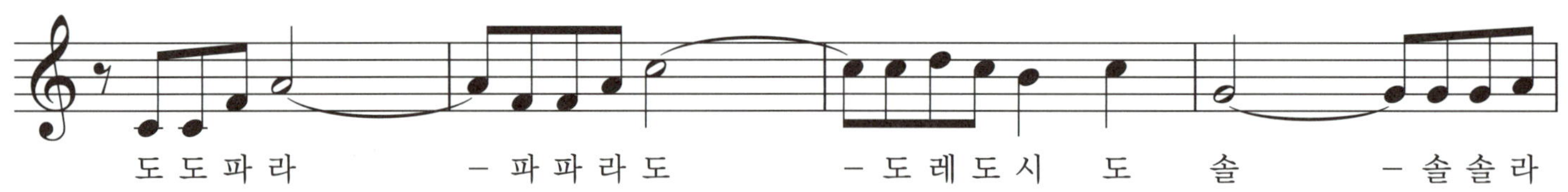

고향의 봄

이원수 작사 / 홍난파 작곡
김준경 편곡

보통빠르게

시♭(라♯)

오른손 4번 운지가 ♭(반음 내림)의 운지를 익히는데 중요한 역할을 합니다. 예를 들어 '라♭'은 '라' 운지
에서 오른손 4번, '시♭'은 '시' 운지에서 오른손 4번으로 4번 구멍을 막습니다.

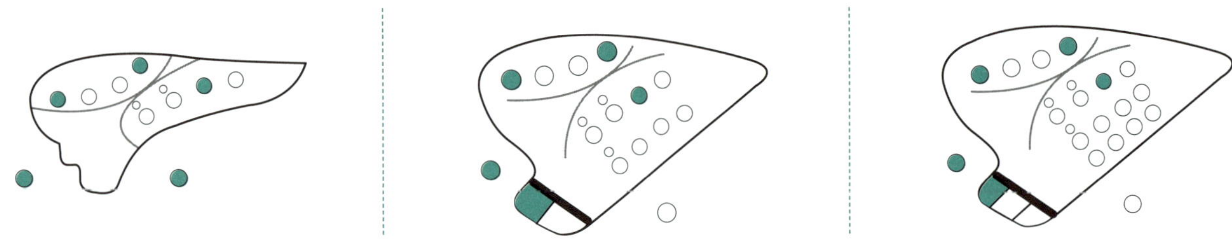

주의깊게 듣고 소리내기

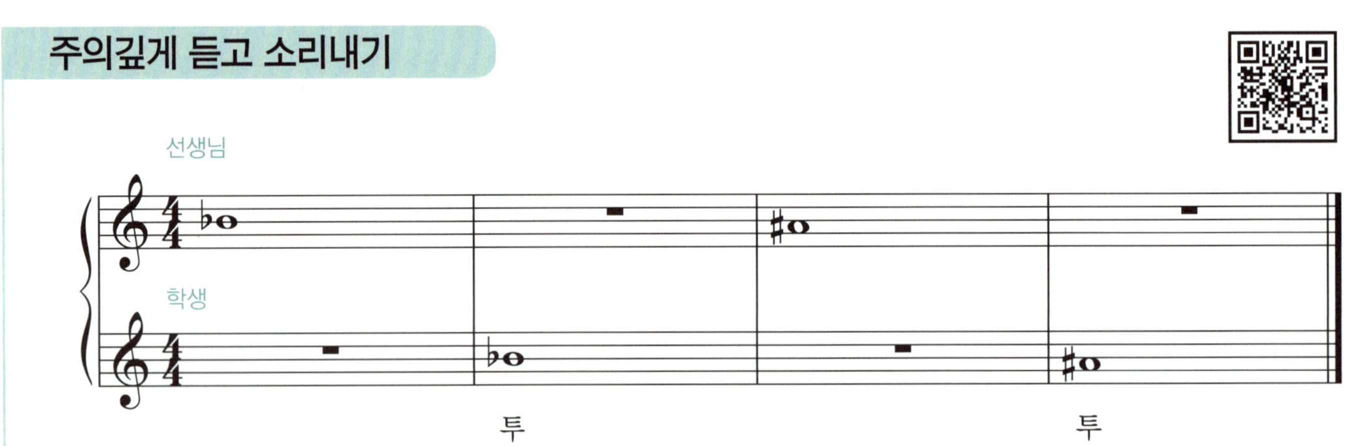

라♭(솔♯)

'라♭'은 '라' 운지에서 오른손 4번으로 오른손 4번 구멍을 막습니다.

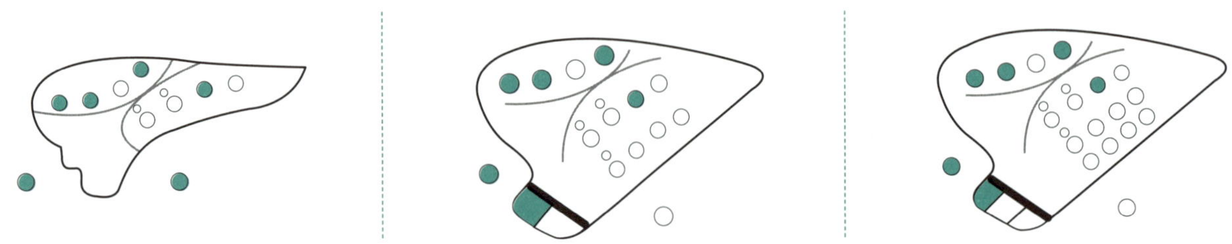

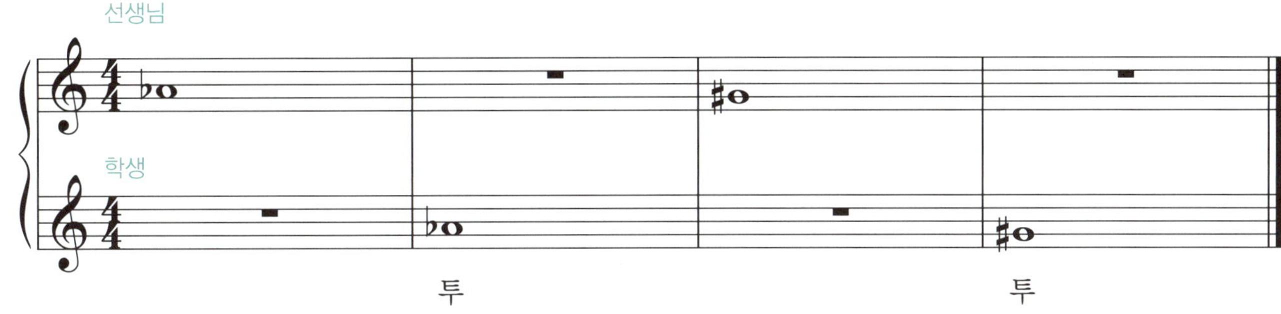

'솔♭'은 '솔' 운지에서 오른손 4번으로 4번 구멍을 막습니다.

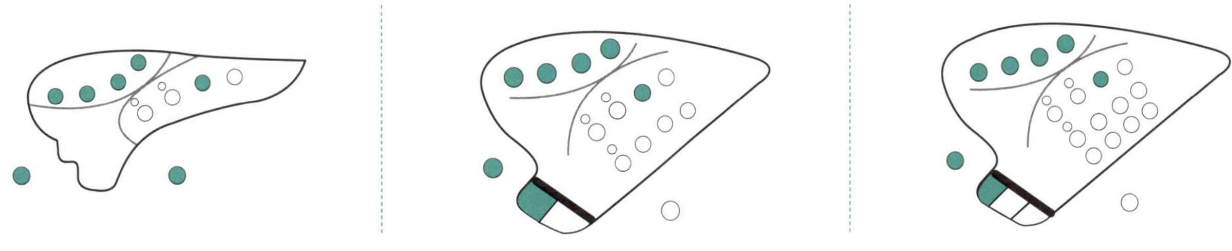

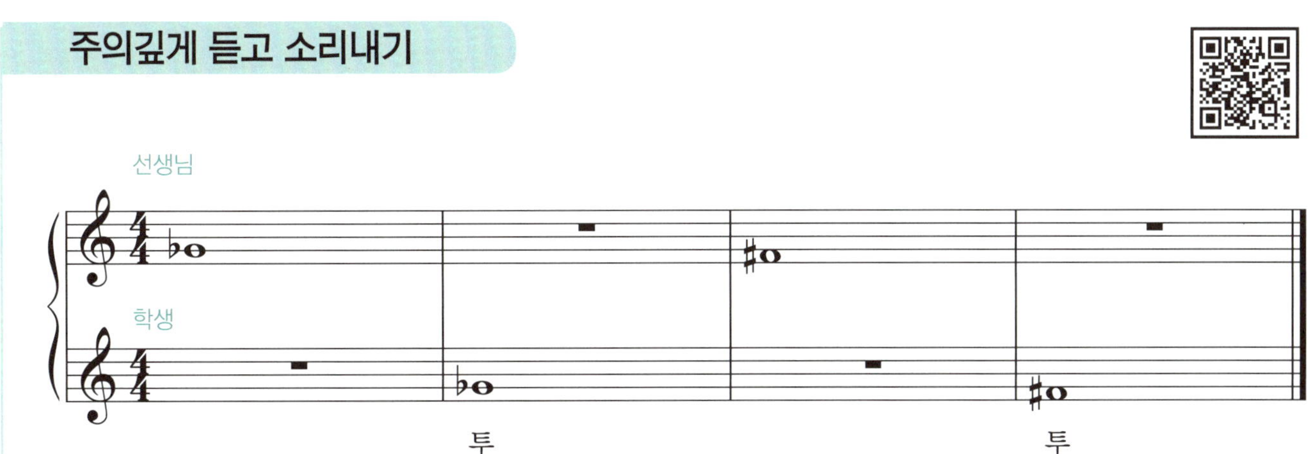

'높은 레♭'은 '높은 레' 운지에서 오른손 4번으로 4번 구멍을 막습니다.

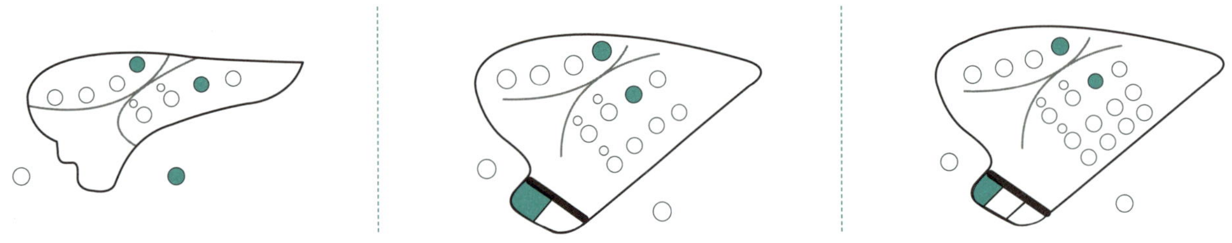

주의깊게 듣고 소리내기

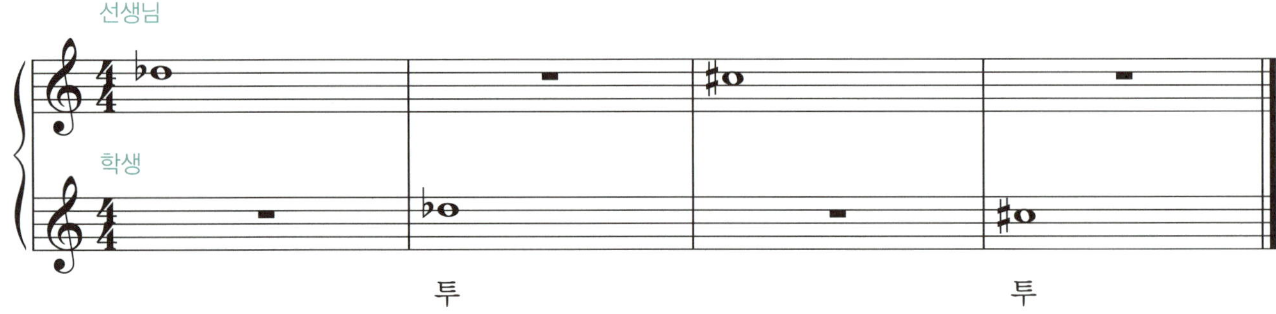

싱글오카리나의 '높은 미♭'은 '높은 미' 운지에서 오른손 4번으로 4번 구멍을 막습니다. 더블오카리나는 모든 구멍을 열고 불며, 트리플오카리나는 2관으로 이동하여 입김의 세기를 약하게 하여 붑니다.

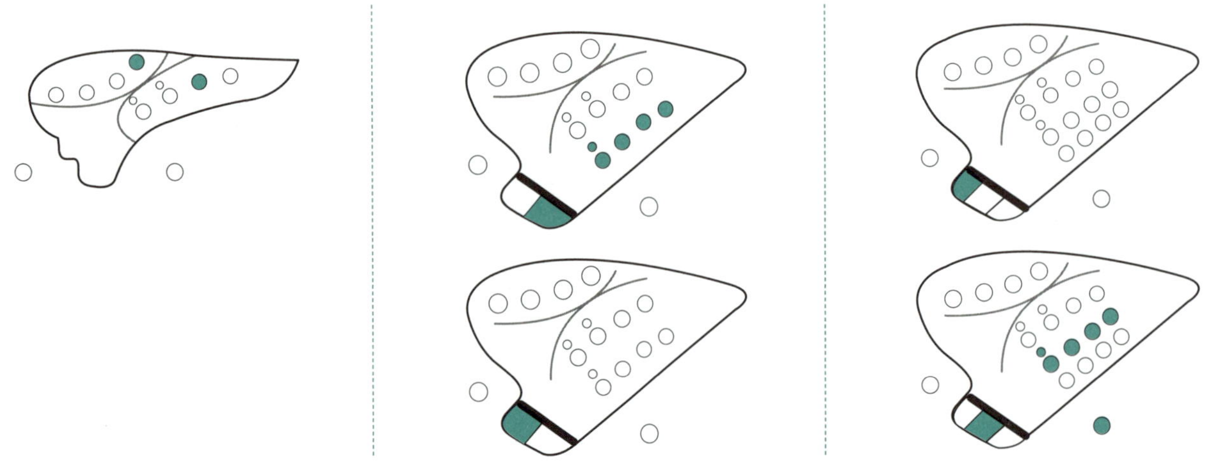

선생님
학생
투
투

연습곡 18

①
투 투 투 투 투 투 투 투
레 레♭ 시 시♭ 라 라♭ 솔 솔♭

②
투 투 투 투 투 투 투 투
파 파# 솔 솔# 라 라# 도 도#

③
투 투 투 투 투 투 투 투
파 파#(솔♭) 솔 솔#(라♭) 라 라#(시♭) 도 도#(레♭)

④
투 투 투 투 투 투 투 투 투 투
솔 솔#(라♭) 라 라#(시♭) 시 도 도 도#(레♭) 레 레#(미♭)

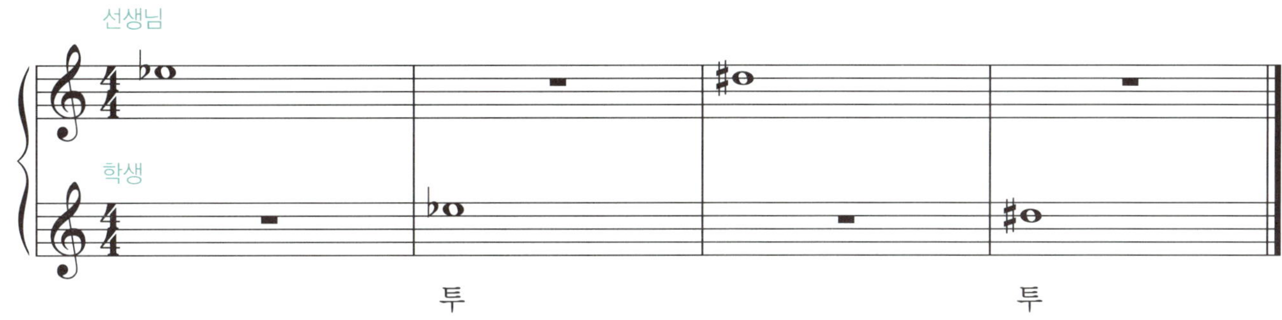

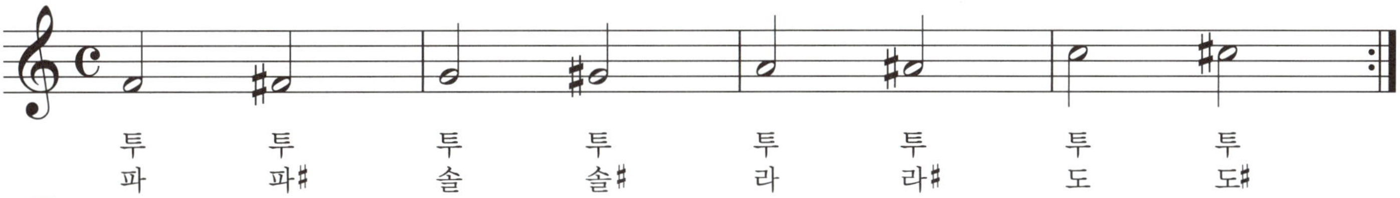

연습곡 19

1

2

3

4

5

오리는 꽉꽉

프랑스 민요

보통빠르게

할아버지 헌 시계

올챙이와 개구리

언제나 몇 번이라도

(센과 치히로의 행방불명 OST)

기무라 유미 작곡

보통빠르게

D.S. al Coda

Fine

도라에몽

키쿠치 순스케 작곡

조금 빠르게
도 파파 라레 라도   도 레도 라시♭ 라솔   레 솔솔 시♭미 미레 도

시♭ 시♭시♭ 라레 미 파 솔   도 파파 라레 라도   도 레도 라시♭ 라솔

레 솔솔 시♭미 미레 도 시♭ 시♭시♭ 라미 솔 파   레 레 도시♭도레도

솔 라 시 솔도   레 도 솔라 시솔 도   레 도 시♭

솔 미 레도 레도 시♭   도 레라 솔 파
D.C. al Coda

레 도 시♭   솔 미 레도 레도 시♭   도 레라 솔 파
Fine

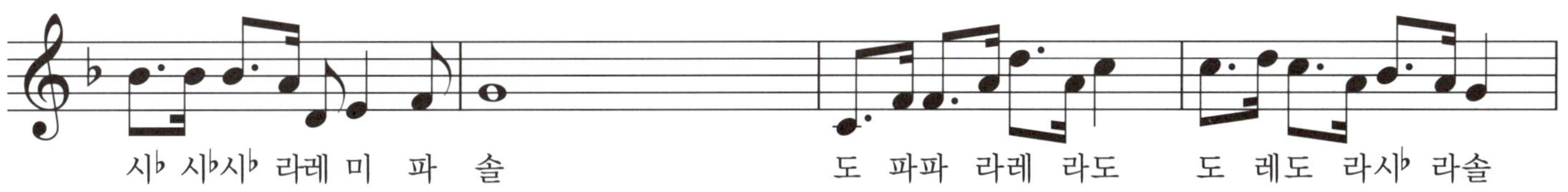

'마♭'은 '미' 운지에서 오른손 3번으로 3번과 7번 구멍을 동시에 막거나, 오른손 5번 손가락으로 5번 구멍을 막습니다.

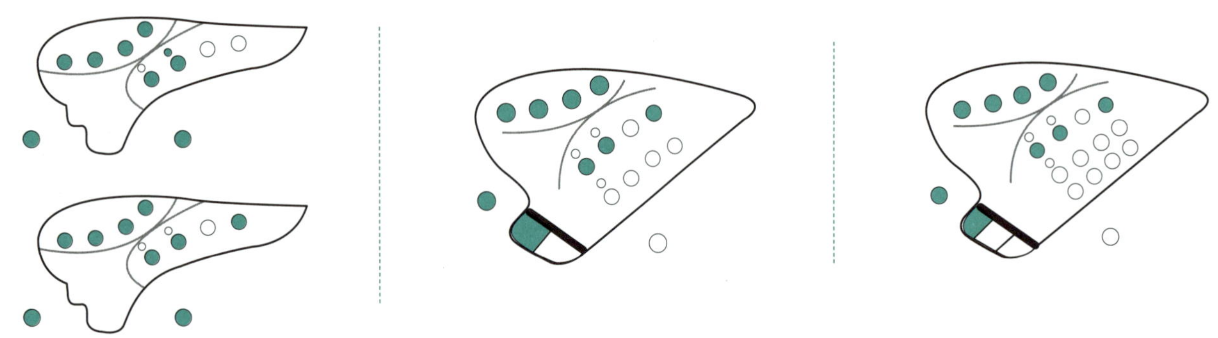

주의깊게 듣고 소리내기

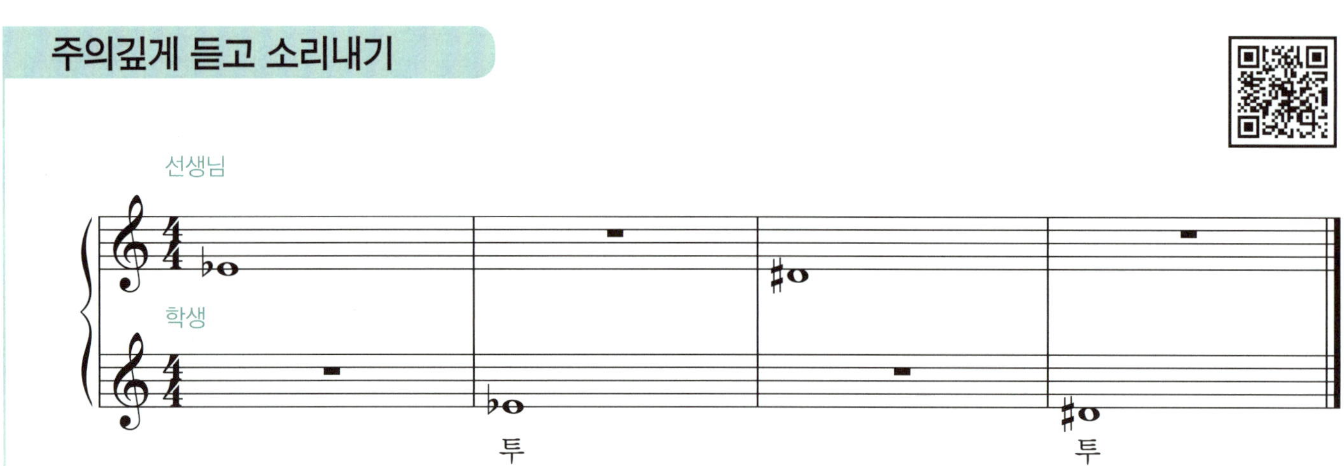

'레♭'은 '레' 운지에서 오른손 3번으로 3번과 7번 구멍을 동시에 막습니다.

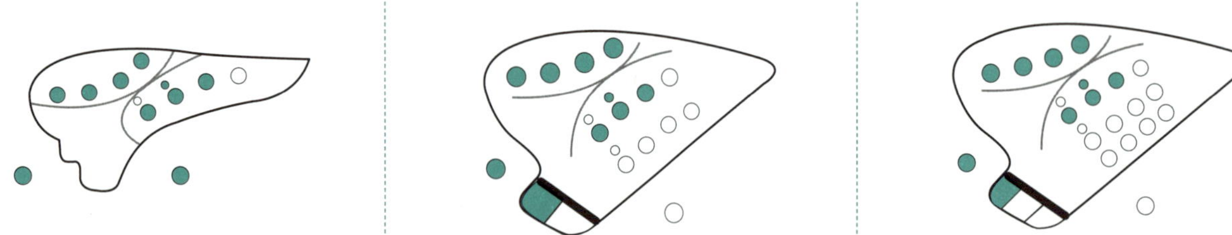

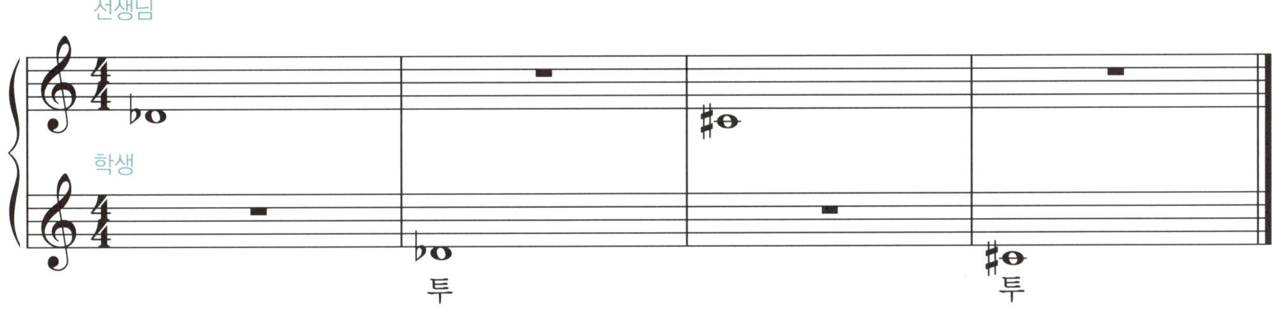

낮은시♭(라♯) 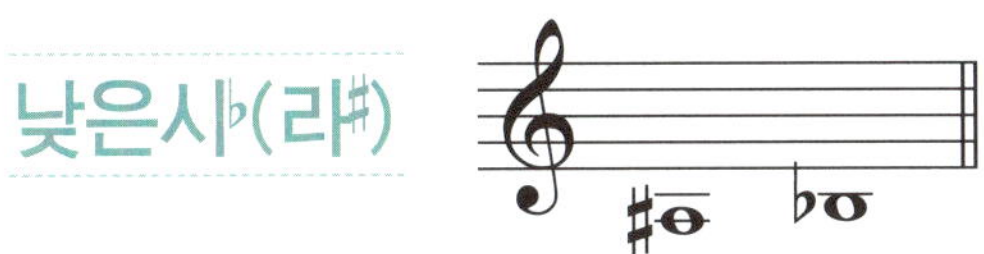

낮은 '시♭'은 '도' 운지에서 오른손 2번으로 2번과 6번 구멍을 동시에 막습니다.

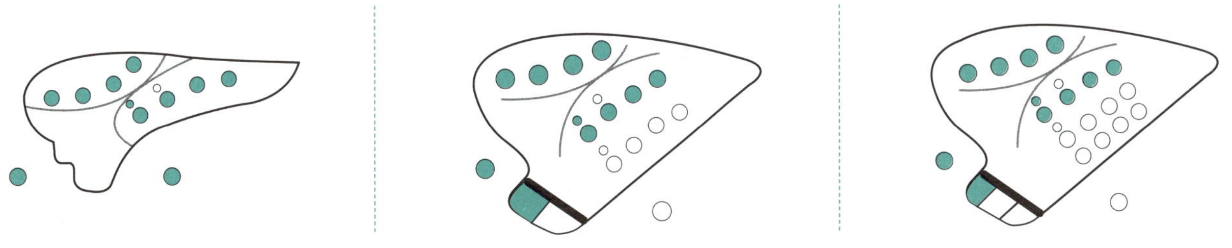

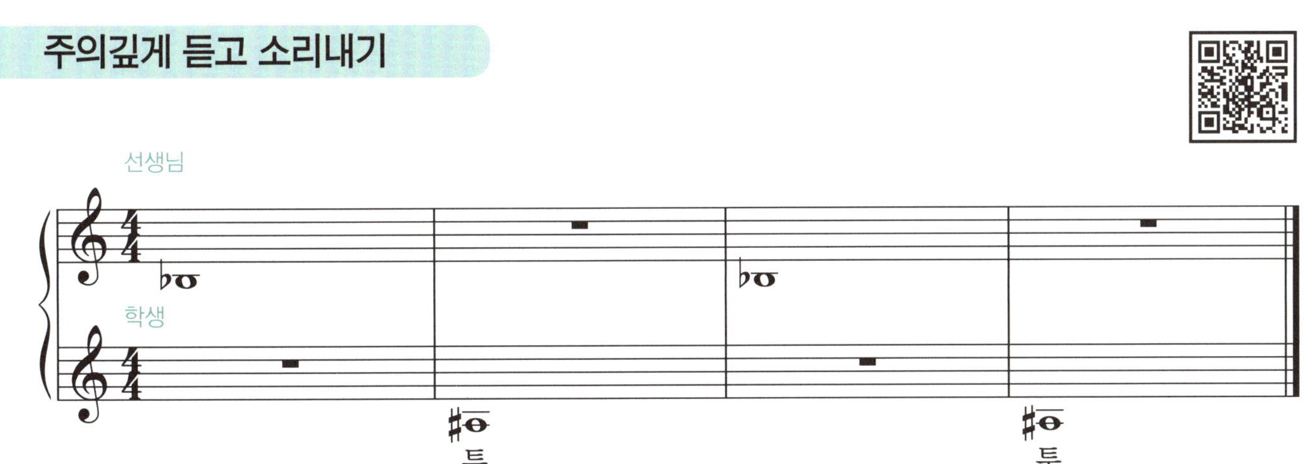

연습곡 20

1
투 투 투 투 투 투 투 투
미 미♭(레♯) 레 레♭(도♯) 도 시 시 시♭(라♯)

2
투 투 투 투 투 투 투 투
라♯(시♭) 시 도 도♯(레♭) 레 레♯(미♭) 레♯(미♭) 미

연습곡 21

1
투 투 투 투 투 투 투 투 투 투 투 투 투 투
미 미♭ 미 미♭ 미 미♭ 미 미♭ 미 미♭ 미 미♭ 미 미♭ 미

2
투 투 투 투 투 투 투 투 투 투 투 투 투 투
레 레♭ 레 레♭ 레 레♭ 레 레♭ 레 레♭ 레 레♭ 레 레♭ 레

3
투 투 투 투 투 투 투 투 투 투 투 투 투 투
도 시♭ 도 시♭ 도 시♭ 도 시♭ 도 시♭ 도 시♭ 도 시♭ 도

결혼행진곡

바그너 작곡
보통빠르게
라 레 레 레 라 미 도#레
1. 라 레 솔 솔 파# 미 레 미 레 도# 레 미
2. 라 레 파# 라 파# 레 시 미 파# 레
솔 파# 미 시 시 도# 레 미 미
솔 파# 미 시 시 도# 레 미 미
라 레 레 레 라 미 도# 레
라 레 파# 라 파# 레 시 미 파# 레

벼랑 위의 포뇨

J. 히사이시 작곡
김준경 편곡

C C♯dim Dm Dm/C B♭m6 F A/E Dm Am/C
솔솔솔솔 파솔 라 도 솔솔라솔 파 레♭도 라 시♭라
시♭ 라 솔 라 파 파파파레도
B♭ B♭m6 F C/E Dm Am/C B♭ B♭/C
레 레레레도시♭ 라 시♭도 파 파 솔 라 솔 도 파솔솔라
라솔 파 라 도 시♭ 솔 레미미 파
F B♭ F/A C7 Cdim7 Dm Dm/C G/B Gm/B♭C7
도 파솔 파 도 시♭ 라 도 솔 라 솔파솔라시♭도
도 라파 – 도도도 레파 시♭레도 라 시♭솔 솔시♭라파 라 솔레미파솔
F B♭ F/A Dm Gm7 F/C C7 F
도 도 라파 도 레파 시♭레도 라라 시♭솔 솔 시♭라 파 라 솔미 파 –
라 도파 라 솔 미 도 라 솔솔솔솔 파파도 도도 파 –

2솔(2G)

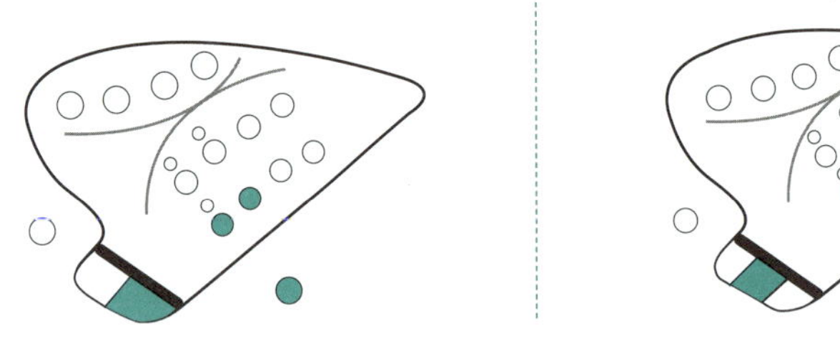

오른손 엄지 손가락으로 2관 아래 구멍을, 오른손 2,3번 손가락으로 2,3번구멍을 막고 2관을 붑니다. 2관과 3관을 연주할 때는 왼손은 1관 몸체를 잡고 무게 중심을 왼손으로 옮겨서 오른손가락이 자유롭게 움직이게 합니다.

주의깊게 듣고 소리내기

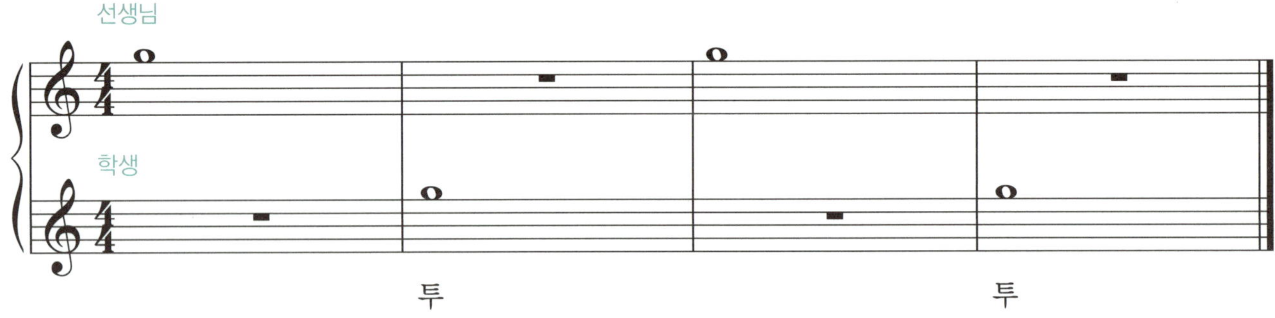

2라(2A)

오른손 엄지 손가락으로 2관 아래 1번 구멍을, 오른손 2번 손가락으로 2번구멍을 막고 2관을 붑니다.

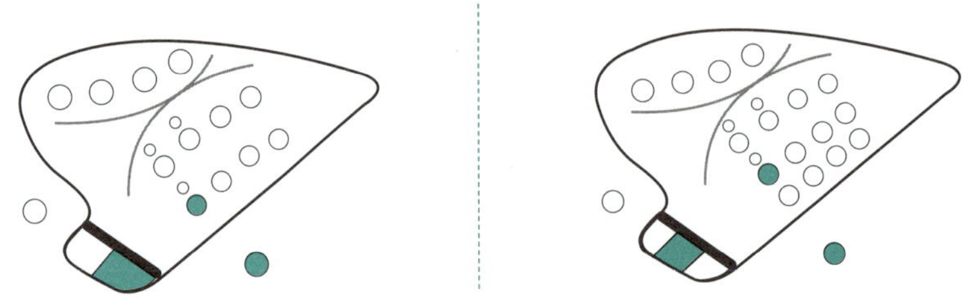

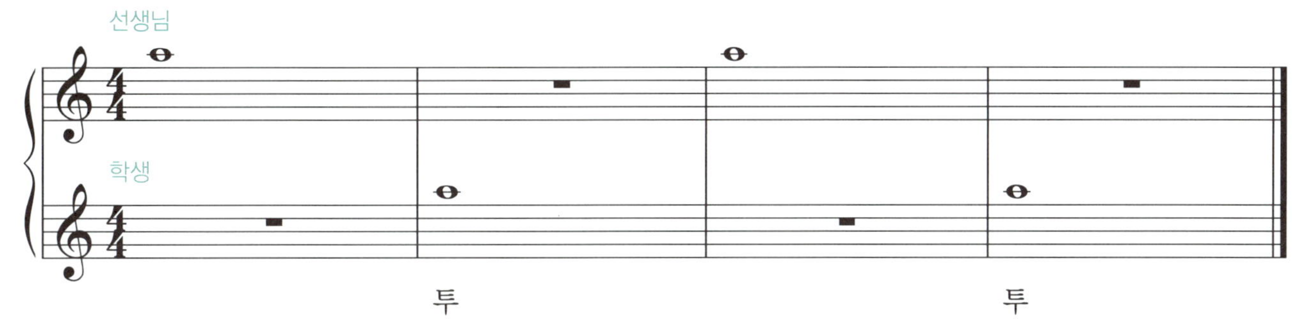

2시(2B)

오른손 엄지 손가락으로 2관 아래 1번 구멍만 막고 붑니다.

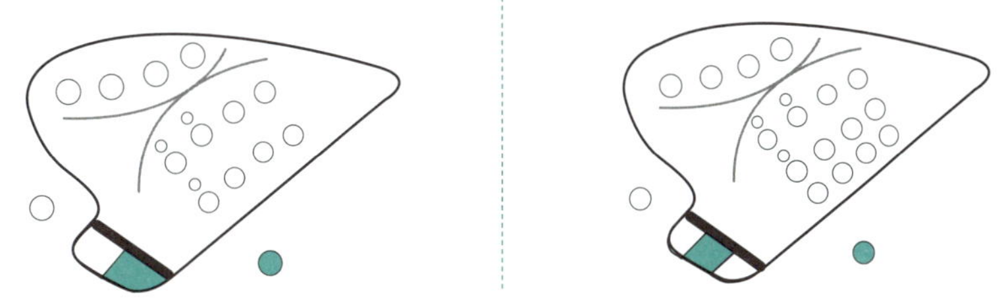

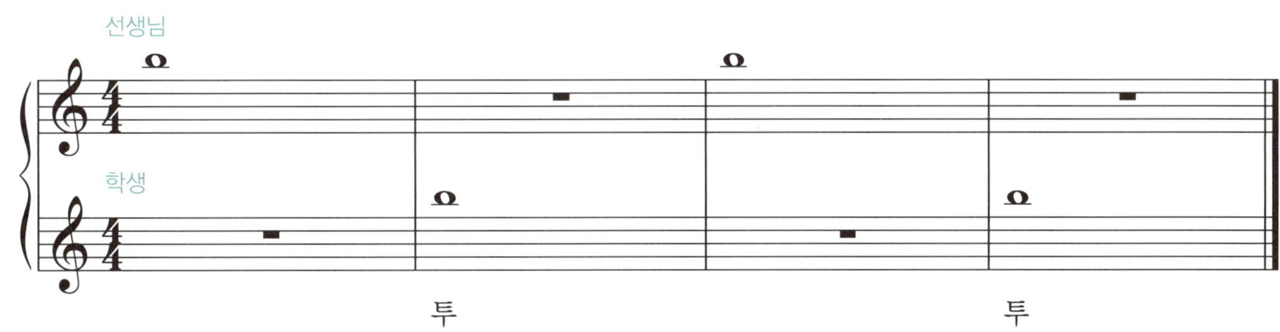

모든 운지구멍을 열고 2관을 붑니다.

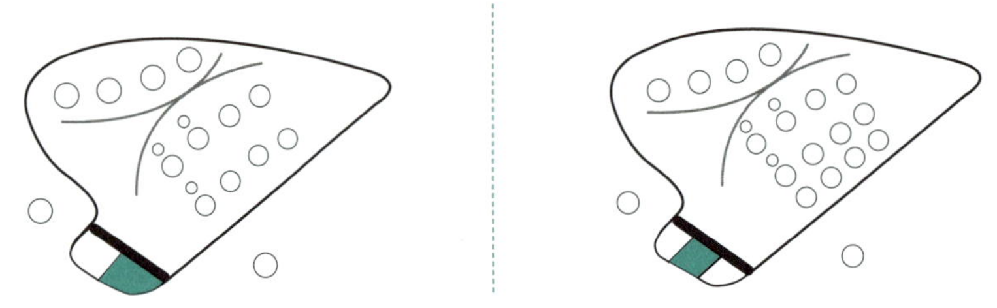

주의깊게 듣고 소리내기

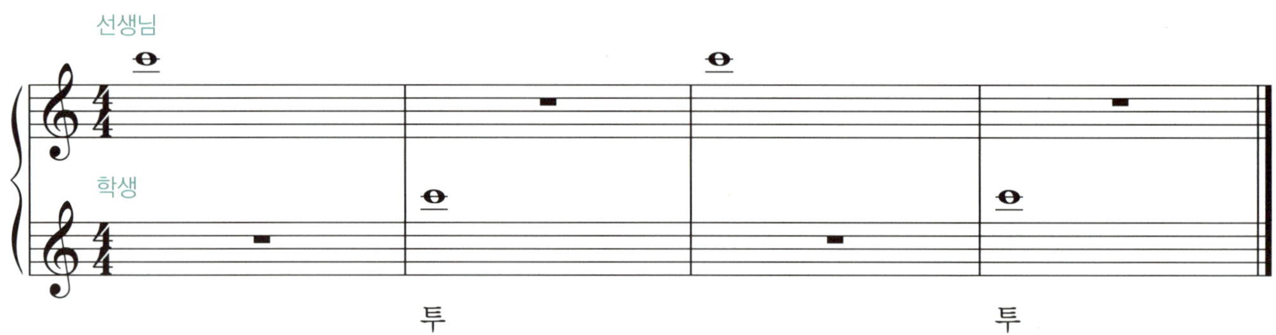

연습곡 22

작은별

윤석중 작사
프랑스 동요

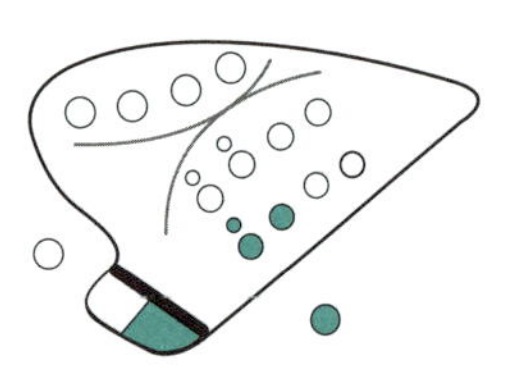

2솔♭(2파♯)

오른손 엄지 손가락으로 2관 아래 1번 구멍을, 오른손 2번 손가락으로 2번, 6번 구멍을, 3번 손가락으로 3번 구멍을 막거나, 오른손 5번 손가락으로 5번 구멍을 동시에 막고 2관을 붑니다. 제작자의 의도에 따라 6번 구멍의 위치가 다를 수 있습니다.

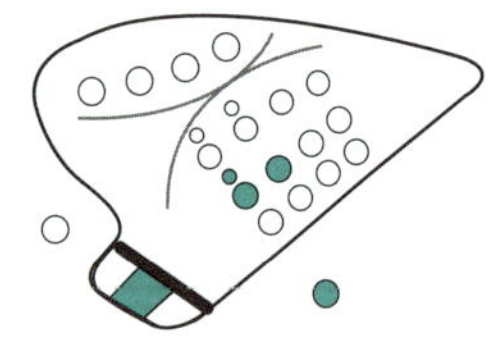

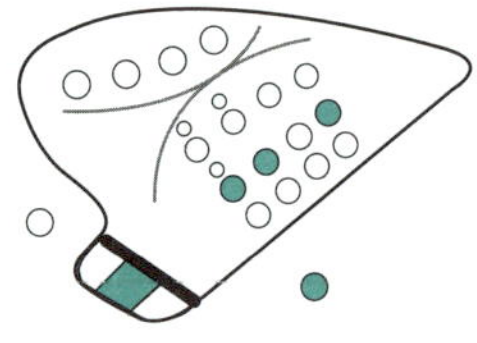

주의깊게 듣고 소리내기

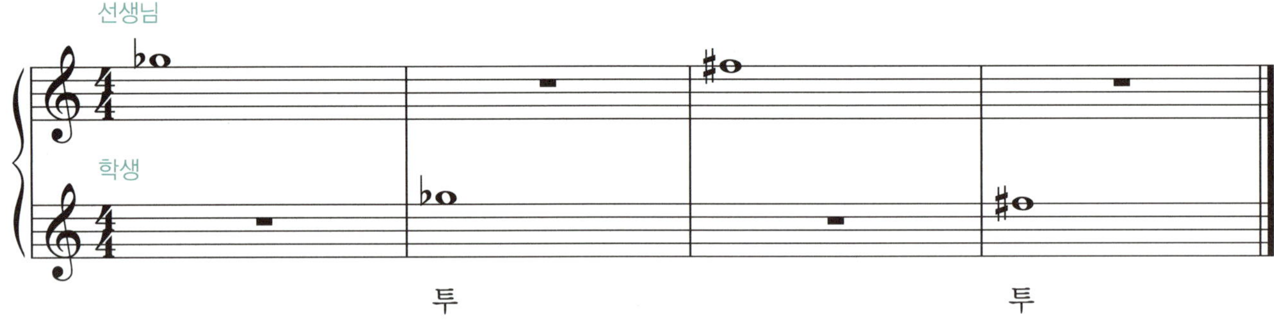

2라♭(2솔♯)

오른손 엄지 손가락으로 2관 1번 구멍을 막고, 오른손 2번 손가락으로 2번, 6번 구멍을 막습니다.

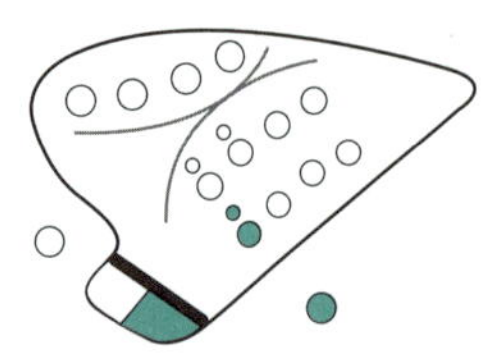

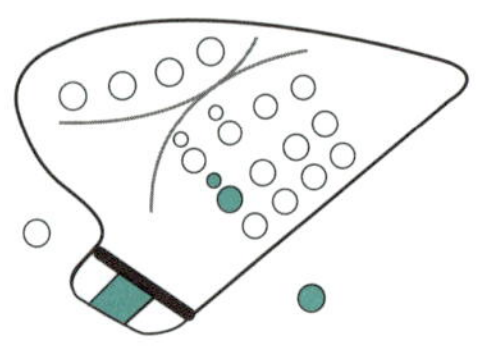

주의깊게 듣고 소리내기

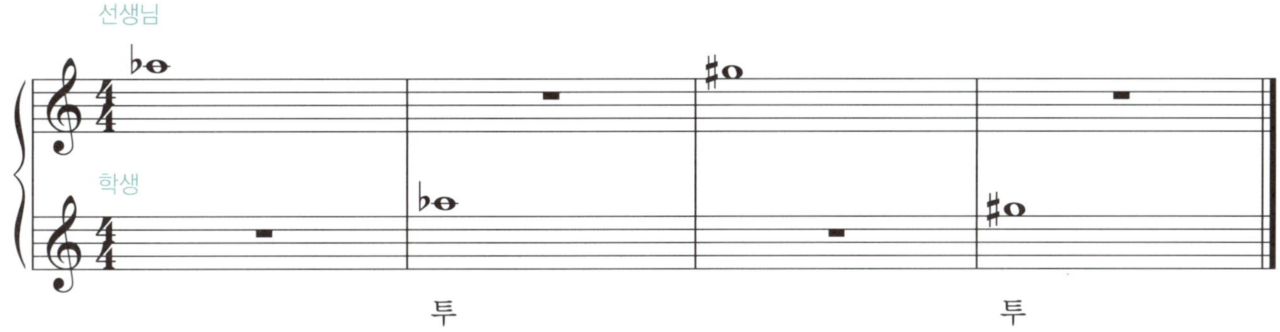

2시♭(2라♯)

오른손 엄지 손가락으로 2관 아래 구멍을 막고, 오른손 4번 손가락으로 4번 구멍을 막거나 2관을 불거나 또는 오른손 엄지 손가락을 떼고 2번 손가락으로 2번 구멍을 막고 2관을 붑니다. 제작자의 의도에 따라 운지가 다를 수 있습니다.

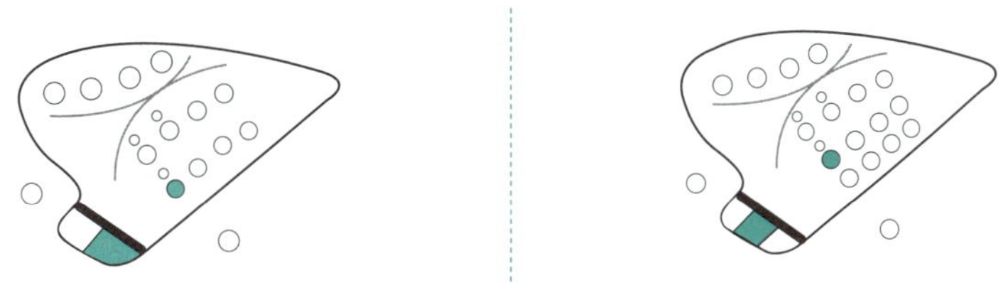

주의깊게 듣고 소리내기

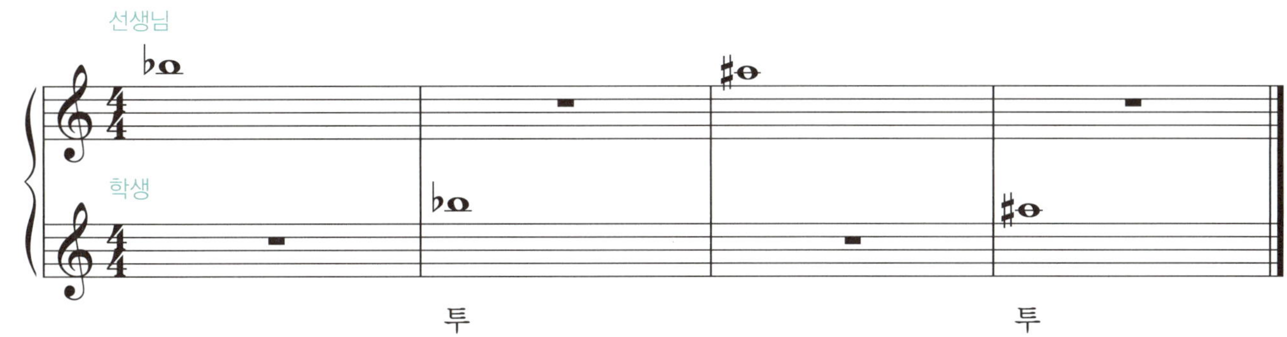

연습곡 24

투 솔
투 솔♭
투 솔
투 솔♭
투 솔
투 파#
투 솔
투 파#
투 라
투 라♭
투 라
투 라♭
투 라
투 솔#
투 라
투 솔#
투 시
투 시♭
투 시
투 시♭
투 시
투 라#
투 시
투 라#

연습곡 25

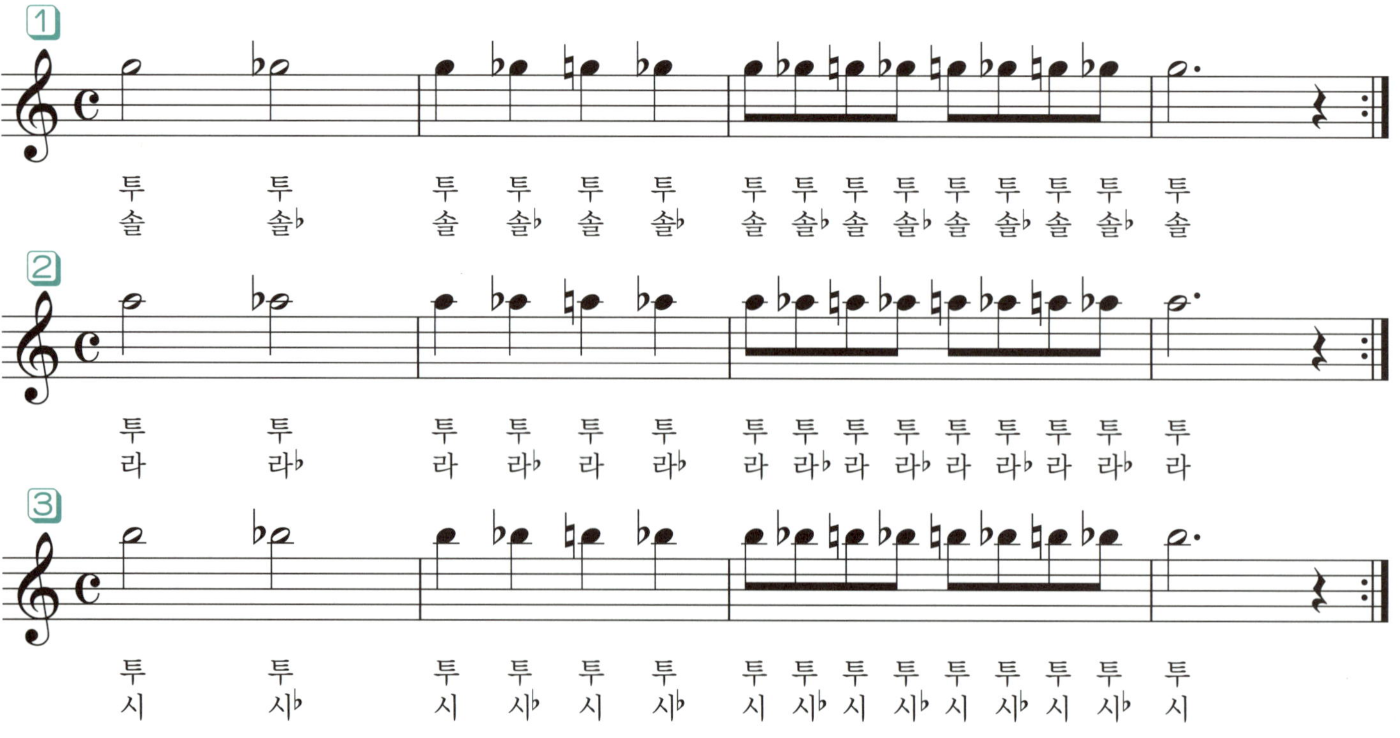
투 솔
투 솔♭
투 솔
투 솔♭
투 솔
투 솔♭
투 솔
투 솔♭
투 솔
투 솔♭
투 솔
투 솔♭
투 솔
투 라
투 라♭
투 라
투 라♭
투 라
투 라♭
투 라
투 라♭
투 라
투 라♭
투 라
투 라♭
투 라
투 시
투 시♭
투 시
투 시♭
투 시
투 시♭
투 시
투 시♭
투 시
투 시♭
투 시
투 시♭
투 시

마법의 성

3레(3D)

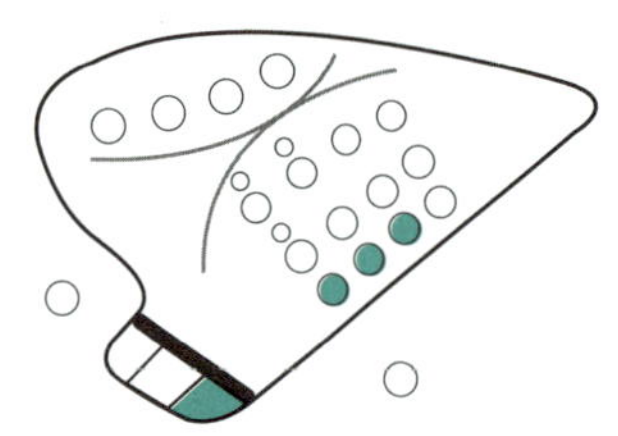

오른손 엄지 손가락으로 3관 아래를 지탱을 하고, 오른손 2번 손가락으로 2번 구멍을, 3번 손가락으로 3번 구멍을, 4번 손가락으로 4번 구멍을 동시에 막고 3관을 붑니다. 이때 왼손은 1관 몸체를 잡아 오른 손가락이 자유롭게 움직이게 합니다.

주의깊게 듣고 소리내기

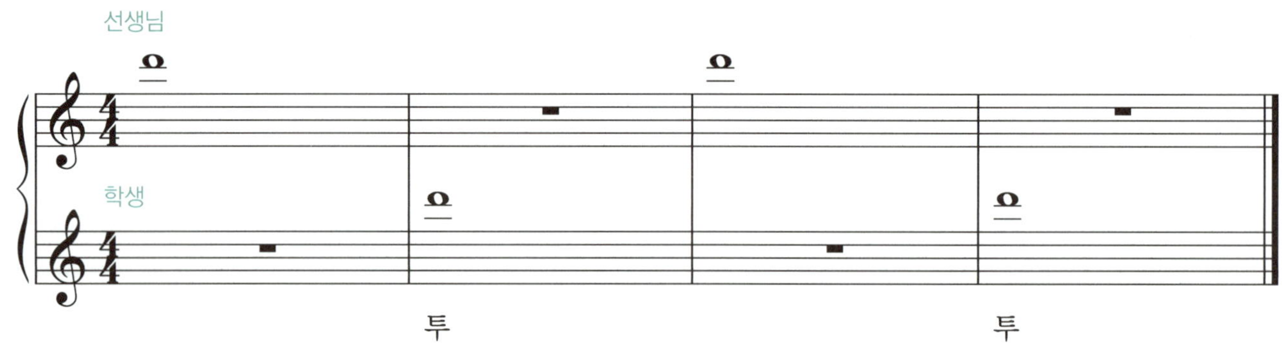

3미(3E)

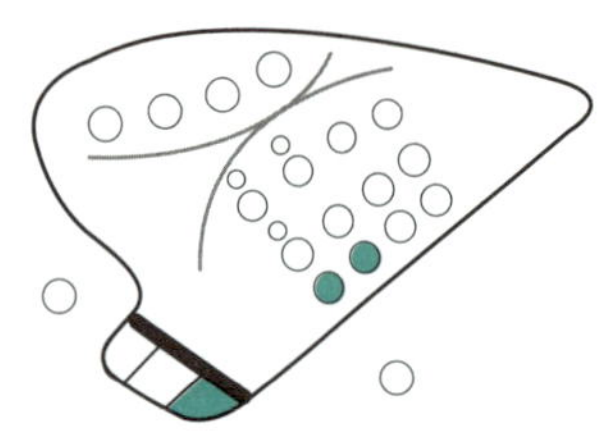

오른손 엄지 손가락으로 3관 아래를 지탱을 하고, 오른손 2번 손가락으로 2번 구멍을, 3번 손가락으로 3번 구멍을 동시에 막고 3관을 붑니다.

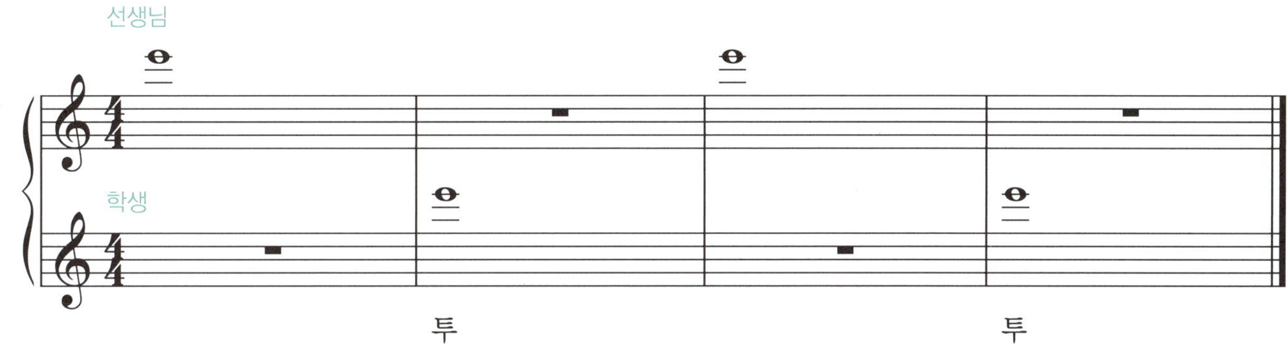

3파(3F)

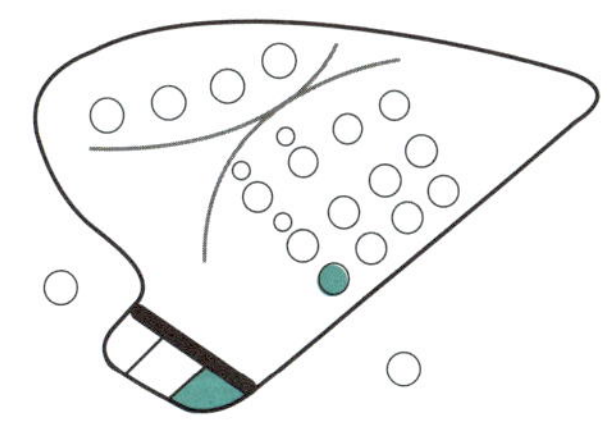

오른손 엄지 손가락으로 3관 아래를 지탱을 하고, 오른손 2번 손가락으로 2번 구멍을 막고 3관을 붑니다. 이때 왼손은 1관 몸체를 잡아 오른손가락이 자유롭게 움직이게 합니다.

주의깊게 듣고 소리내기

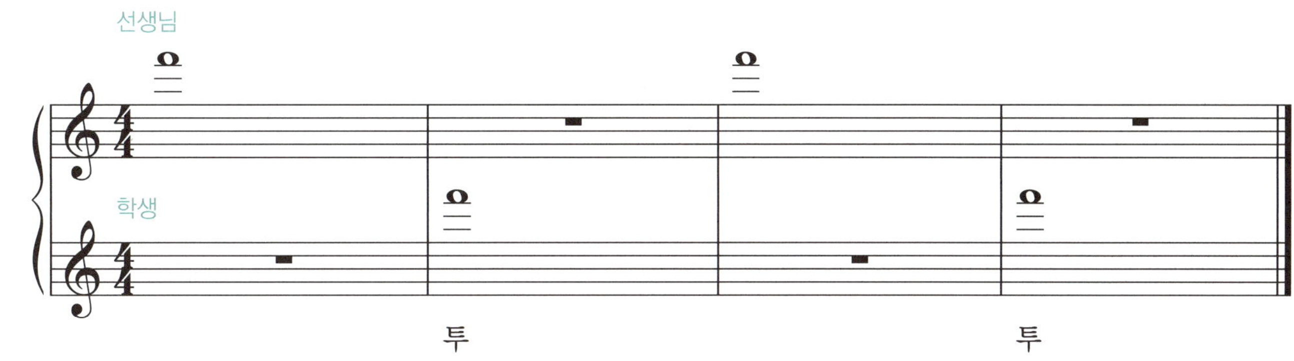

3솔(3G)

오른손 엄지 손가락으로 3관 아래를 지탱을 하고, 모든 운지구멍을 열고 3관을 붑니다.

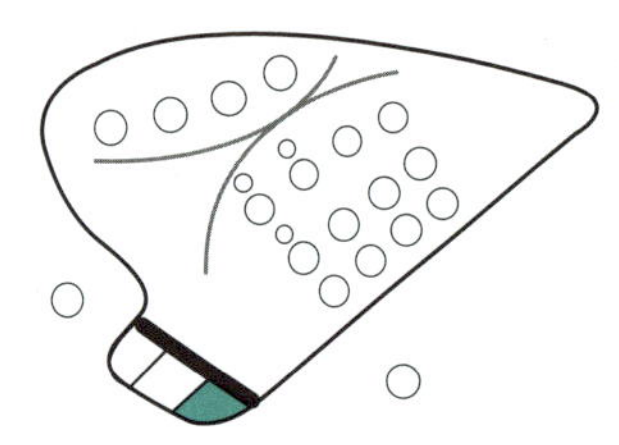

주의깊게 듣고 소리내기

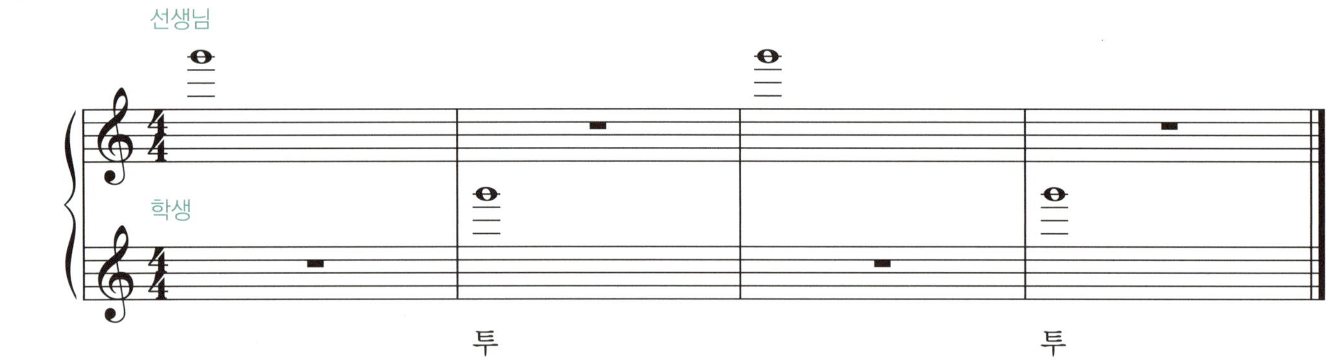

연습곡 26

1
투　　투　　투　투　투　투　투투투투투투투투투
레　　미　　레　미　레　미　레미레미레미레미레

2
투　　투　　투　투　투　투　투투투투투투투투투
미　　파　　미　파　미　파　미파미파미파미파미

2
투　　투　　투　투　투　투　투투투투투투투투투
파　　솔　　파　솔　파　솔　파솔파솔파솔파솔파

캐논

독일곡

보통빠르게
솔　파　파　미　레　　도　도　레　파　미　레
솔　파　파　미　레　　도　도　레　파　미　레　도

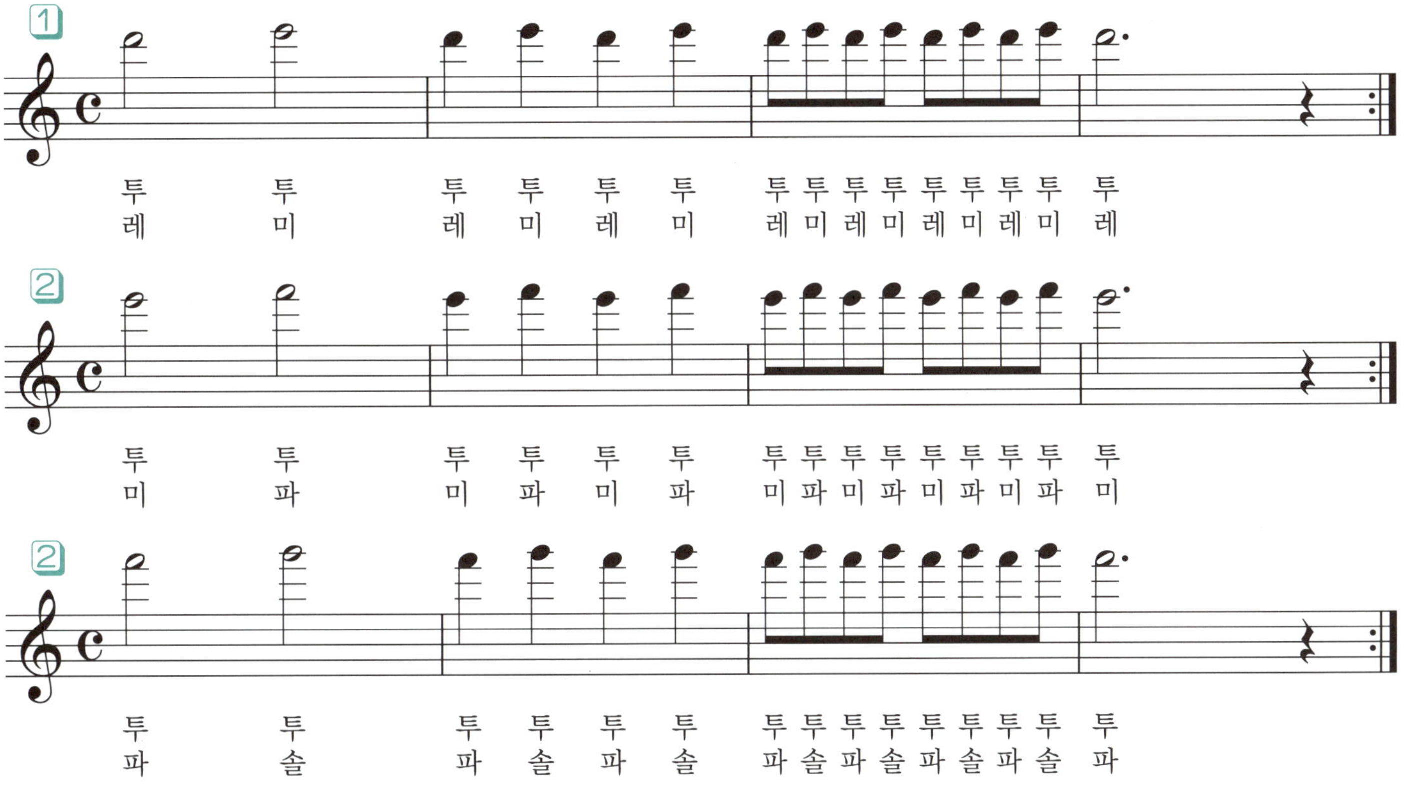

3레♭(3도#)

오른손 엄지 손가락으로 3관 아래를 지탱을 하고, 오른손 2번 손가락으로 2번 구멍을, 3번 손가락으로 3번 구멍을, 4번 손가락으로 4번 구멍을, 5번 손가락으로 5번 구멍을 동시에 막고 3관을 붑니다. 이때 왼손은 1관 몸체를 잡아 오른손가락이 자유롭게 움직이게 합니다.

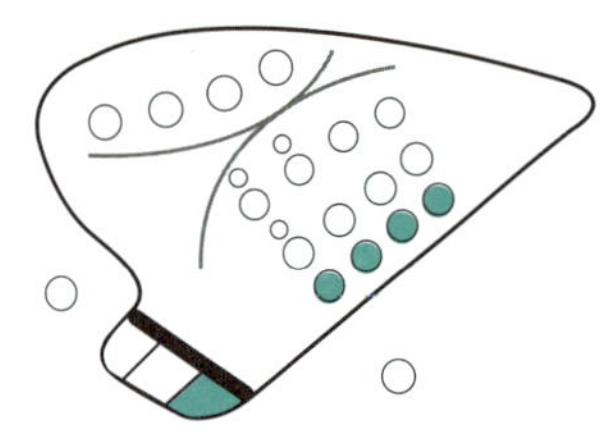

주의깊게 듣고 소리내기

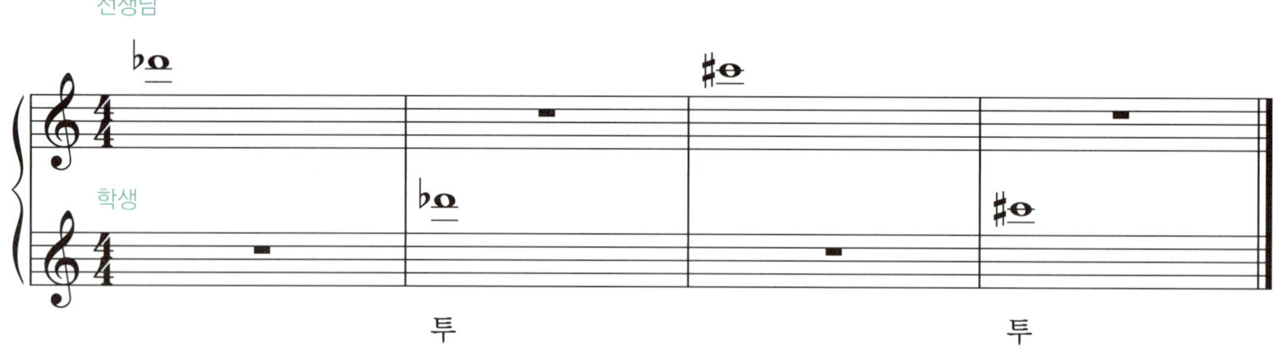

3미♭(3레#)

오른손 엄지 손가락으로 3관 아래를 지탱을 하고, 오른손 3번 손가락으로 3번 구멍을, 4번 손가락으로 4번 구멍을 동시에 막고 3관을 붑니다. 이때 왼손은 1관 몸체를 잡아 오른손가락이 자유롭게 움직이게 합니다.

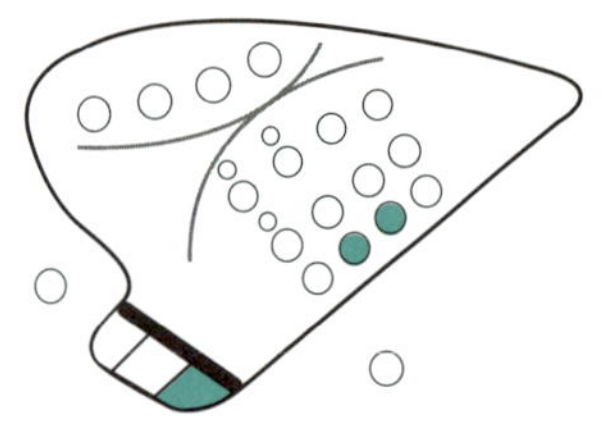

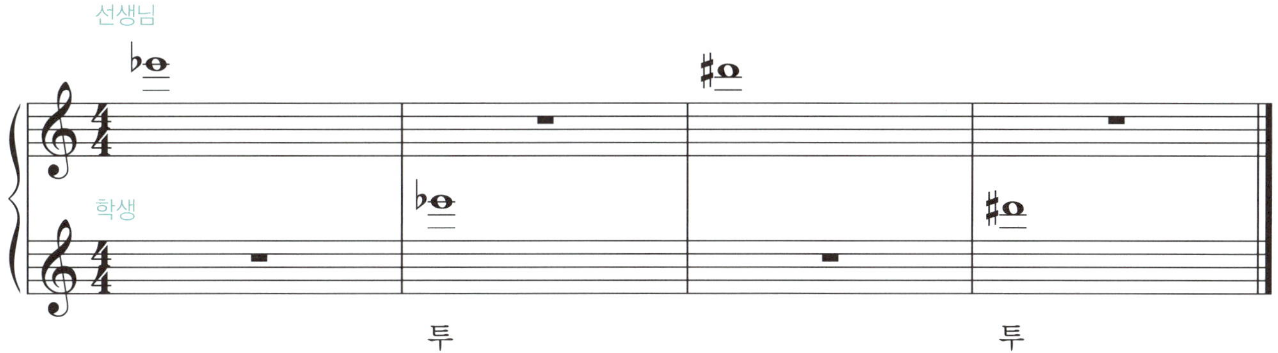

오른손 엄지 손가락으로 3관 아래를 지탱을 하고, 오른손 3번 손가락으로 3번 구멍을 막고 3관을 붑니다. 이때 왼손은 1관 몸체를 잡아 오른손가락이 자유롭게 움직이게 합니다.

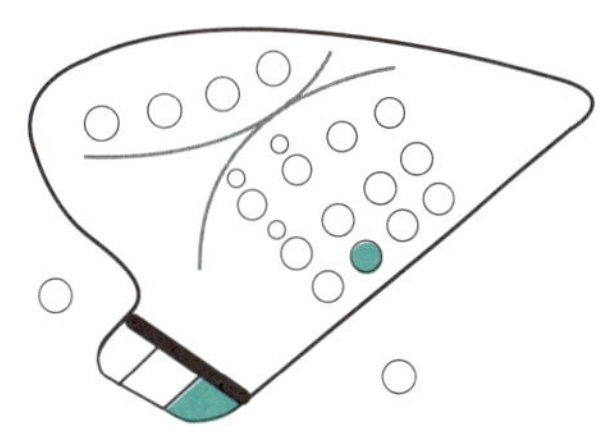

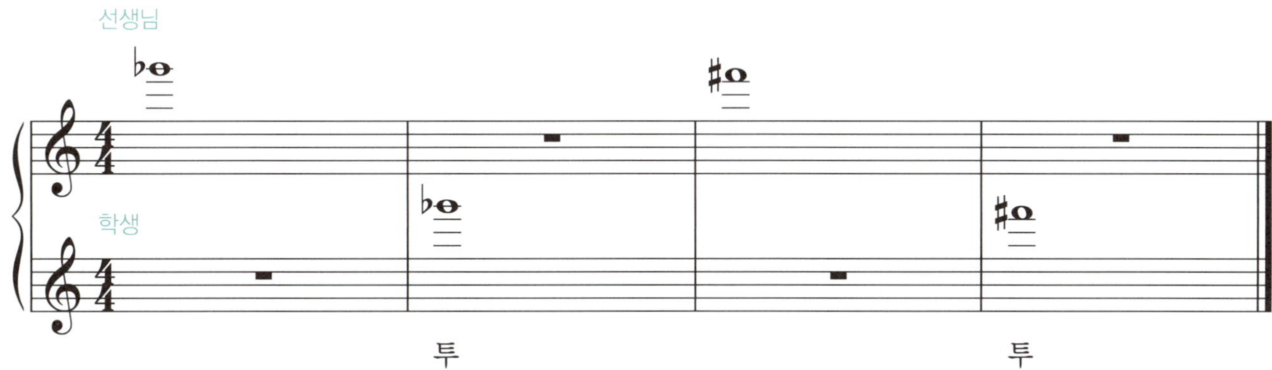

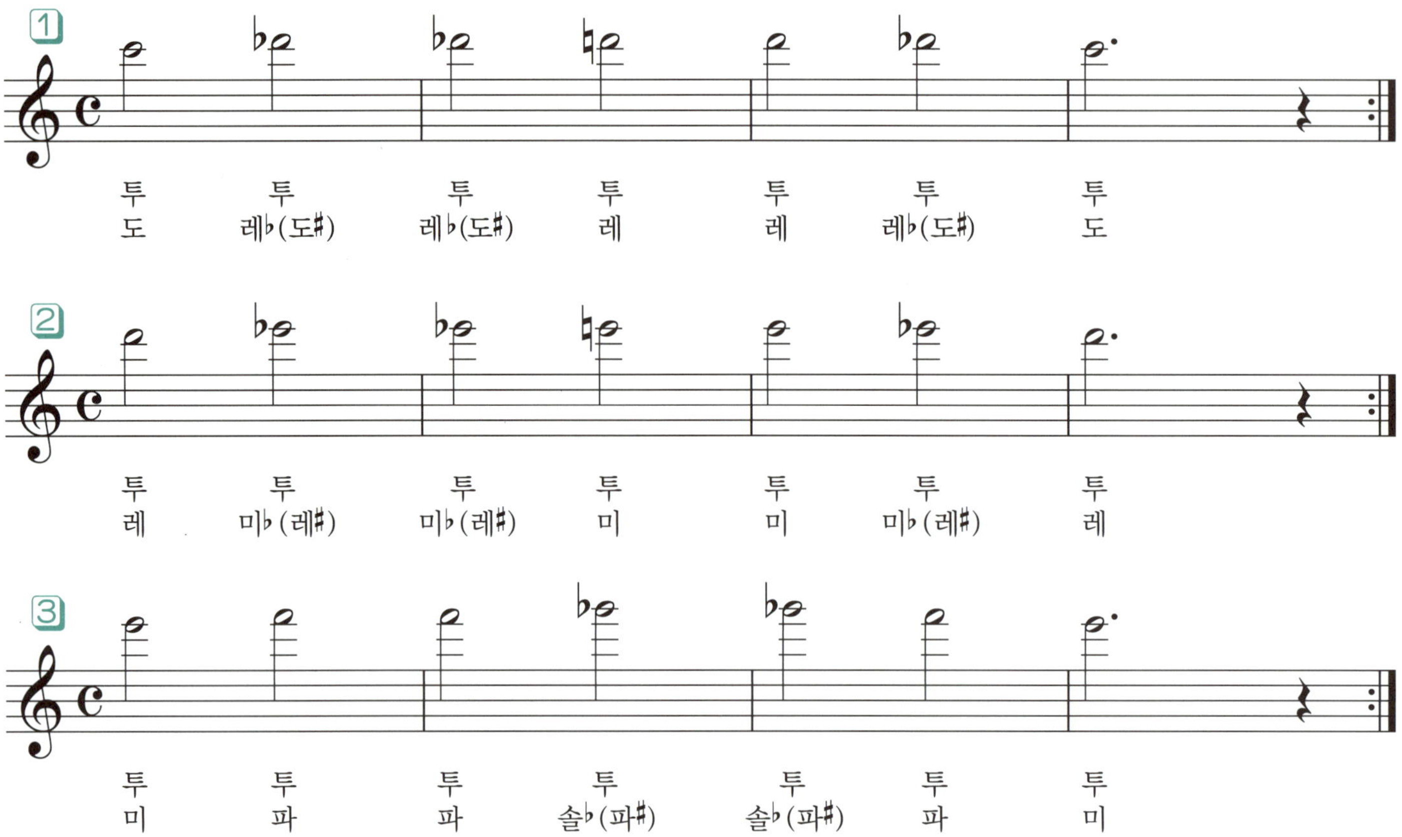

1
투 투 투 투 투 투 투
도 레♭(도#) 레♭(도#) 레 레 레♭(도#) 도
2
투 투 투 투 투 투 투
레 미♭(레#) 미♭(레#) 미 미 미♭(레#) 레
3
투 투 투 투 투 투 투
미 파 파 솔♭(파#) 솔♭(파#) 파 미

1
투 투 투 투 투 투 투 투 투 투 투 투 투 투 투 투
레 레 레 레♭ 레 레♭ 레 레♭레 레♭레 레♭레 레♭ 레
2
투 투 투 투 투 투 투 투 투 투 투 투 투 투 투 투
미 미♭ 미 미♭ 미 미♭ 미 미♭미 미♭미 미♭미 미♭ 미
3
투 투 투 투 투 투 투 투 투 투 투 투 투 투 투 투
솔 솔♭ 솔 솔♭ 솔 솔♭ 솔 솔♭솔 솔♭솔 솔♭솔 솔♭ 솔

소풍

외국 곡

보통빠르게

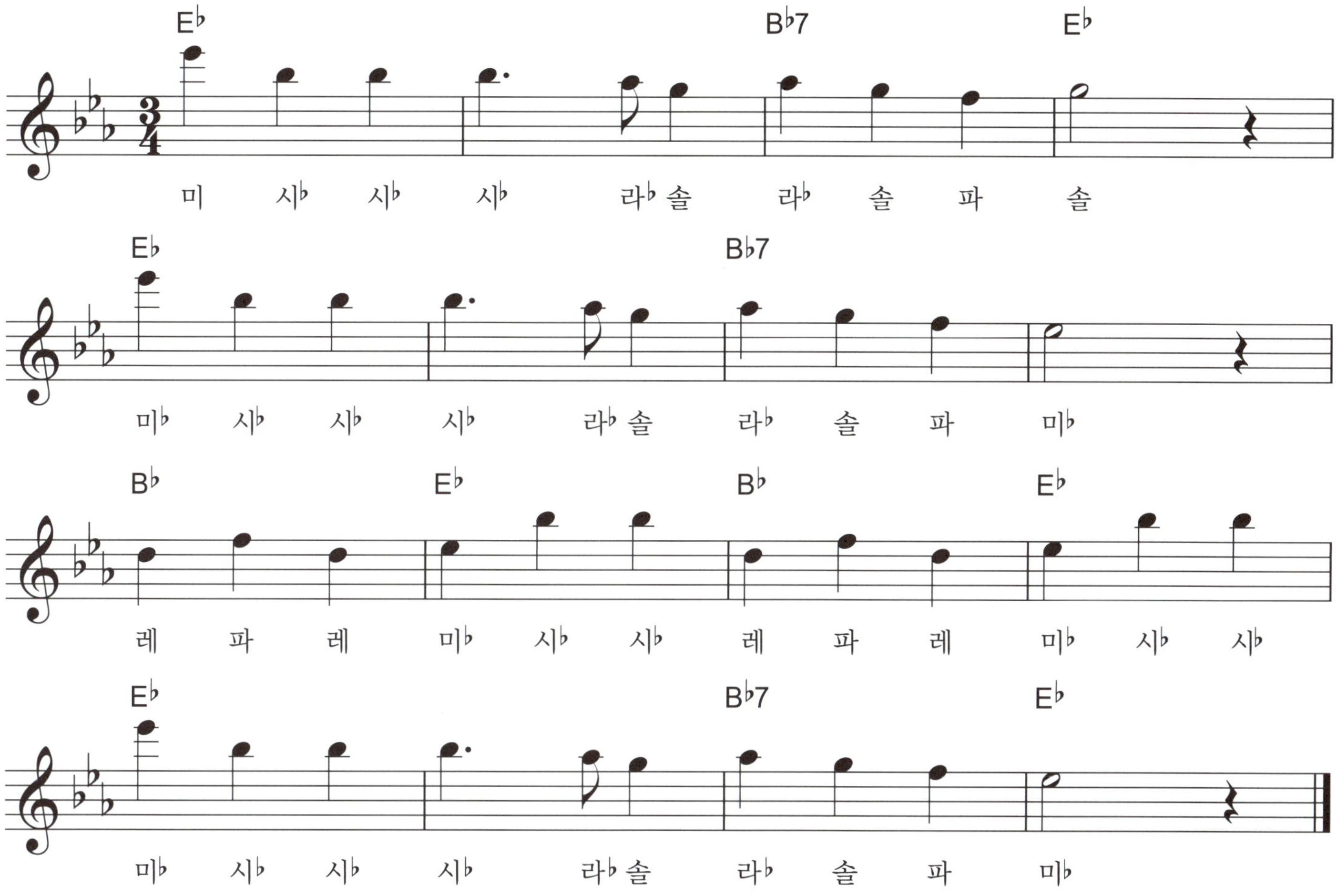

들에서

Werner 작곡

보통빠르게

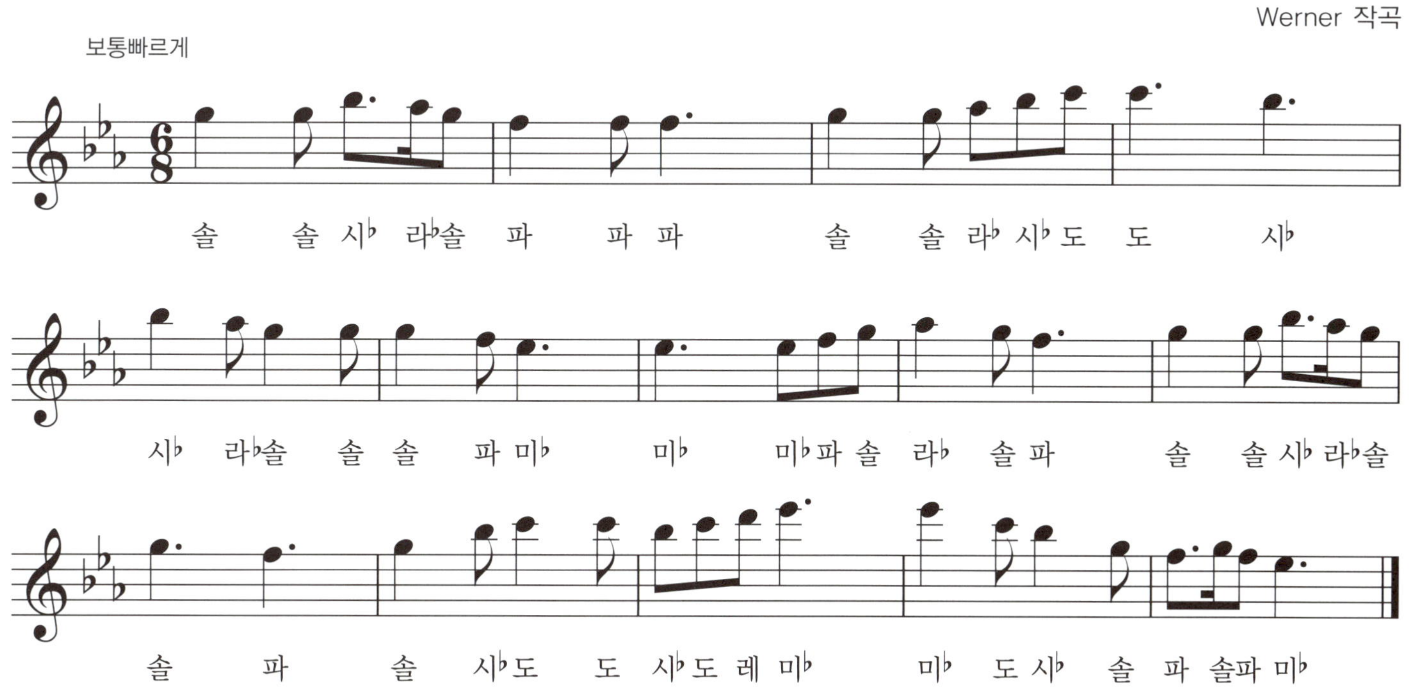

외국 곡

미 시♭ 시♭ 시♭ 라♭솔 라♭ 솔 파 솔
미♭ 시♭ 시♭ 시♭ 라♭솔 라♭ 솔 파 미♭
레 파 레 미♭ 시♭ 시♭ 레 파 레 미♭ 시♭ 시♭
미♭ 시♭ 시♭ 시♭ 라♭솔 라♭ 솔 파 미♭

Werner 작곡
솔 솔 시♭ 라♭솔 파 파 파 솔 솔 라♭ 시♭ 도 도 시♭
시♭ 라♭솔 솔 솔 파 미♭ 미♭ 미♭파 솔 라♭ 솔 파 솔 솔 시♭ 라♭솔
솔 파 솔 시♭도 도 시♭도 레 미♭ 미♭ 도 시♭ 솔 파 솔파 미♭

Play 14 ··· 화음(Harmony)

화음주법

화음주법은 두 음을 동시에 불어서 화음을 내는 주법으로서 아름다운 화음과 화려한 기교를 보여줍니다.
1관과 2관 또는 2관과 3관을 동시에 붑니다.

1관과 2관을 동시에 불기

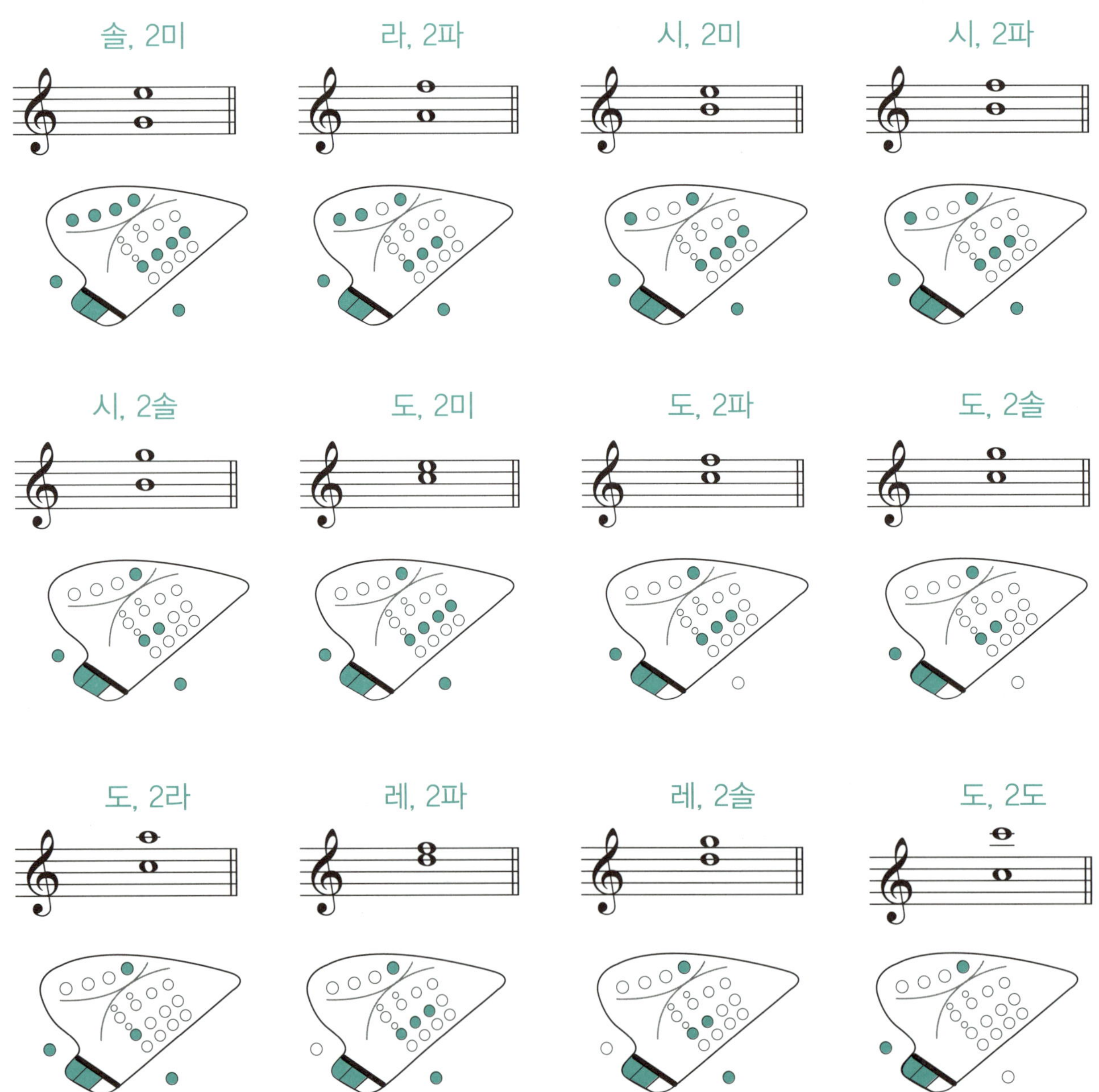

연습곡 30

샐리 가든

아일랜드 민요

보통빠르게
C G F C F G7 C
도 레 미 레도레 미솔라 솔 도솔라 솔미레 도 도 도 레
G F C F G7 C
미 레도레 미솔라 솔 도솔라 솔미레 도 도 솔
Am G Em F G7 C
도 시솔라 도 시 라솔 미솔라 솔미솔라미파 미 도 레
도 레 도
G F C F G7 C
미 레도레 미솔라 솔 도솔라 솔미레 도 도

아티큘레이션

아티큘레이션은 텅잉주법을 기본으로 음표가 지닌 의미를 부드럽게 또는 생기있게 등의 음악적인 느낌의
표현을 말합니다.

포르타토(Portato)

음과 음사이를 충분히 끌어주면서 '투우'하고 텅잉을 합니다.

논레가토(Non-Legato)

음과 음사이를 조금씩 끊어서 '투'하고 텅잉을 합니다.

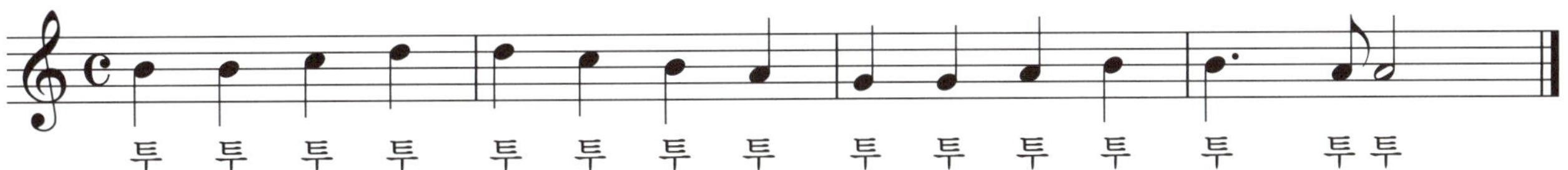

레가토(Legato)

음과 음사이를 이음줄로 표시하며 부드럽게 연결하여 첫음만 투하고 나머지 음은
텅잉을 하지 않고 '우–'하고 연주합니다.

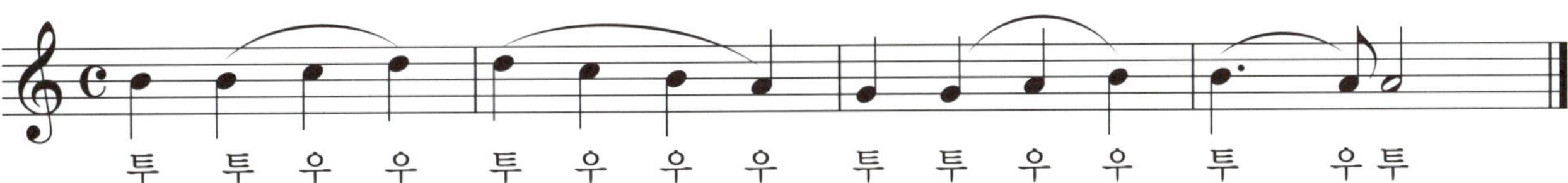

스타카토(Staccato)

음과 음사이를 짧게 끊어서 '툿'하고 텅잉을 합니다.

반주QR

젓가락 행진곡

조금 빠르게
A. 릴리 작곡

G
C
솔 솔 솔 솔 솔 솔 솔 솔 솔 솔 솔 솔
G
C
시 시 시 시 시 시 도 도 도 도 시 라
G
C
솔 솔 솔 솔 솔 솔 솔 솔 솔 솔 솔 솔
G
C
시 시 시 시 시 시 도 솔 미 도

솜사탕

정근 작사 / 이수인 작곡

보통빠르기로
F
C7
도 파 라 파 도 파 라 파 — 라 도 도 라 파 미
F
C7
F
도 파 라 파 도 파 라 파 — 라 도 도 시♭ 미 파
B♭
F
C
레 레 레 파 시♭ 라 라 라 솔 파 솔 솔 솔 솔 라 솔
F
Gm
F
C7
F
라 라 파 파 파 솔 솔 파 미 레 레 도 라 파 솔 솔 파

비브라토

비브라토란 어떤 음을 주기적으로 위 아래로 떨어서 세련되고 풍부한 느낌을 주는 주법을 말합니다. 자연스럽고 세련된 느낌이 나도록 다음과 같이 단계적으로 연습을 합니다.

(1) 먼저 적당한 음을 골라 전혀 떨림이 없이 길게 소리를 냅니다.

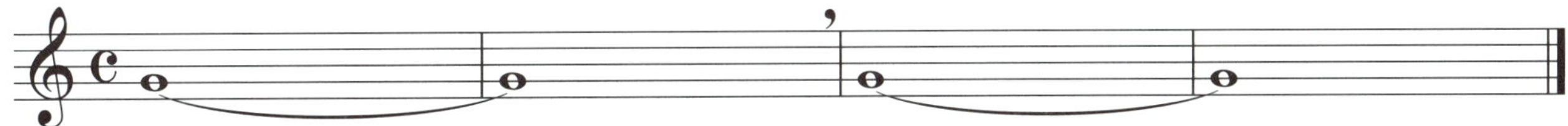

(2) 점점여리게부터 점점세게까지 길게 배에 힘을 주며 떨림이 없이 길게 소리를 냅니다.

(3) 4분음표를 1박으로 하여 배에 힘을 주면서 규칙적으로 반복하면서 떱니다.

(4) 8분음표를 한 박으로 하고 배에 힘을 주면서 규칙적으로 소리를 떱니다.

(5) 16분음표를 한 박으로 하고 배에 힘을 주면서 규칙적으로 소리를 떱니다.

(6) 느리게, 여리게 시작했다가 점점빠르게, 점점세게 소리를 떱니다.

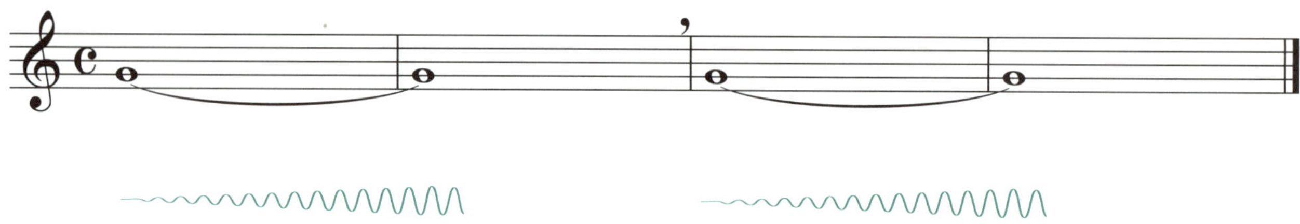

(7) 느리게, 여리게 시작했다가 점점 빠르게, 점점 세게 그리고 다시 점점 느리게, 점점 여리게 반복해서 소리를 떱니다.

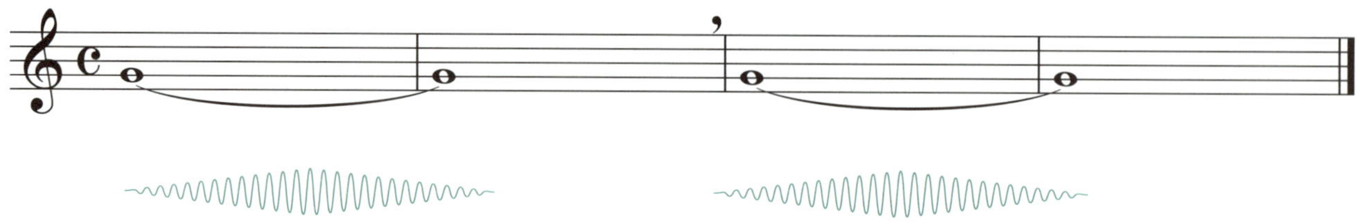

Play 17 ··· 꾸밈음(Ornament)

음을 아름답게 꾸며주는 음을 꾸밈음(장식음)이라고 합니다. 먼저 주 멜로디를 익힌 후에 꾸밈음으로 음악을 화려하게 장식합니다.

긴앞꾸밈음

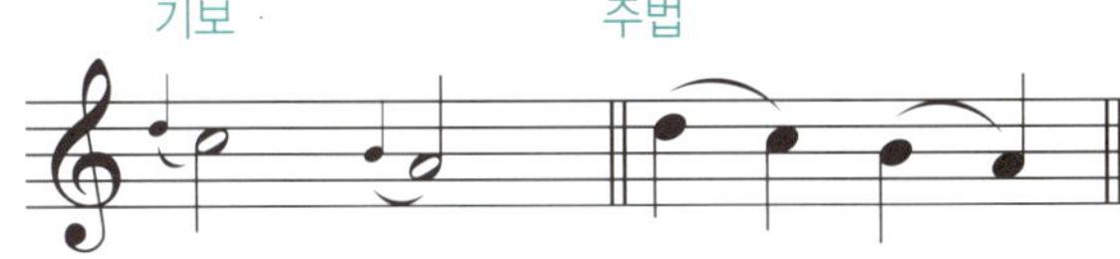

짧은 앞꾸밈음

뒤꾸밈음

겹앞꾸밈음

돈꾸밈음

프랄트릴러(잔결꾸밈음)

모르덴트(앞잔결꾸밈음)

Play 18 ··· 롱톤(Long Tone)

오카리나는 폐관악기로서 내쉬는 입김이 닫혀진 악기의 내부 공간을 수없이 부딪히고 울려서 소리가 나게 하는데 오카리나 특유의 아름답고 풍부한 소리를 내기 위해서는 올바른 호흡법으로 길게 소리를 내는 연습(득음)이 필요합니다.

[연습 방법]

(1) 하품을 할 때처럼 목구멍을 열고 아랫배에 힘을 줍니다.

(2) 늘임표가 있는 부분은 최대로 내쉴 수 있을 때까지 길게 소리를 냅니다.

(3) 처음에는 비브라토를 사용하지 않고 자기의 소리를 주의 깊게 들으면서 풍부한 소리를 만들고 단계적으로 비브라토를 사용해서 아름답고 세련된 소리를 만듭니다.

(4) 연주곡을 연습하기 전에 합창 연습을 할 때 발성 연습을 하듯이 반드시 5분~10분 정도 복식호흡과 함께 길게 소리내기 연습을 합니다.

109

Play 19 ··· 테크닉(Technic)

빠른 곡은 음의 높이가 정확해야 할 뿐만 아니라 손가락이 빨리 움직여야 합니다. 연습은 반드시 메트로놈을 사용하여 처음엔 느린 템포로 시작하여 익숙해지면 차츰 빠른 템포로 연습을 합니다. 피아노 하농 교본처럼 점음표를 살려서 연습하거나 다양한 아티큘레이션을 적용하여 연습을 합니다. (투투투투, 투우투투, 투투우투,투투투우,투우우우)

테크닉 1

테크닉 2

Play 20 ··· 음계(Scale)와 아르페지오(Arpeggio)

음계(Scale)는 조성에 따른 음을 일정한 높이로 차례대로 배열한 것을 말하며 아르페지오(Arpeggio)는 화음을 분산하여 낮은 음에서 높은 음으로 연속적으로 연주하는 것을 말합니다.
음계와 아르페지오의 연습은 반드시 메트로놈을 사용하여 처음엔 느린 템포로 시작하여 익숙해지면 차츰 빠른 템포로 연습을 합니다.

다장조

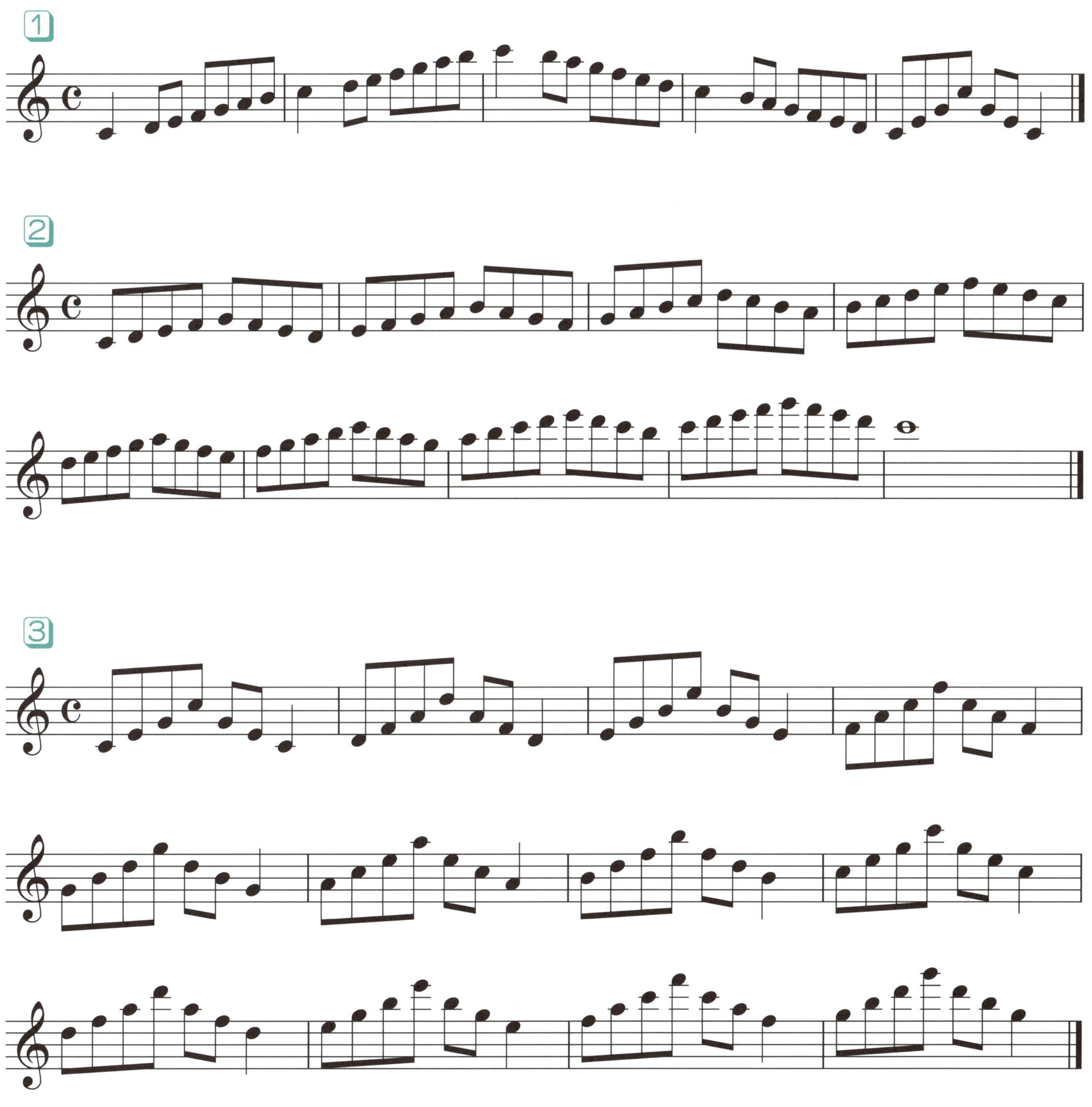

바장조

사장조

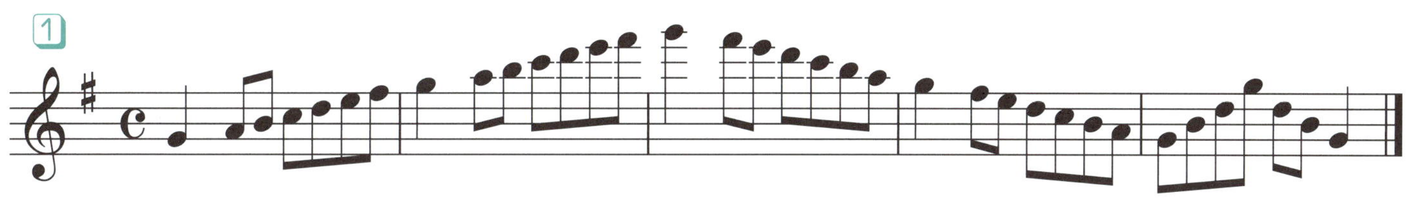

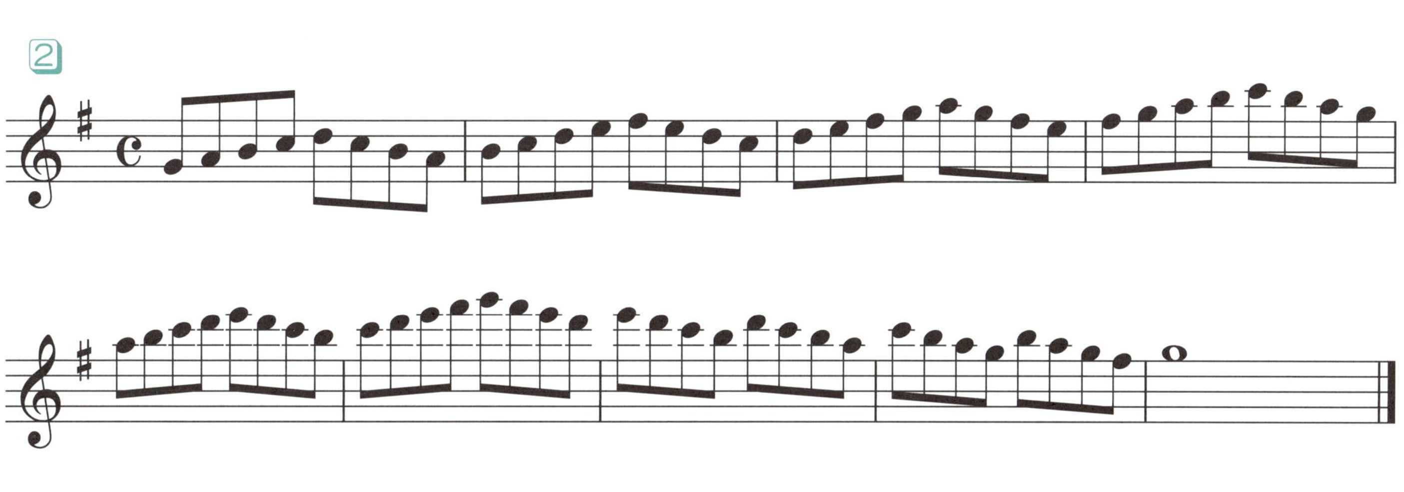

내림나장조

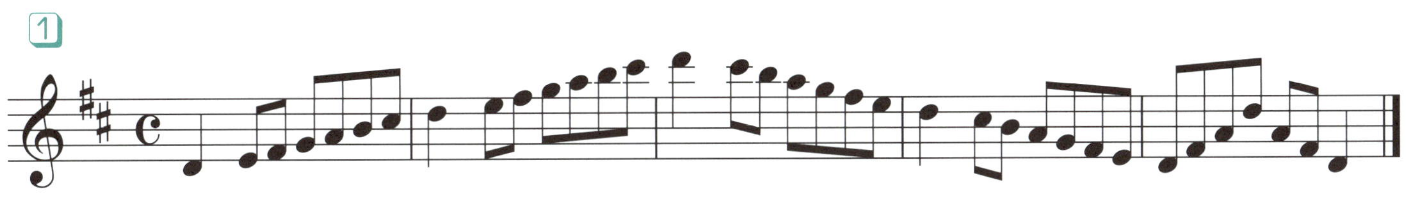

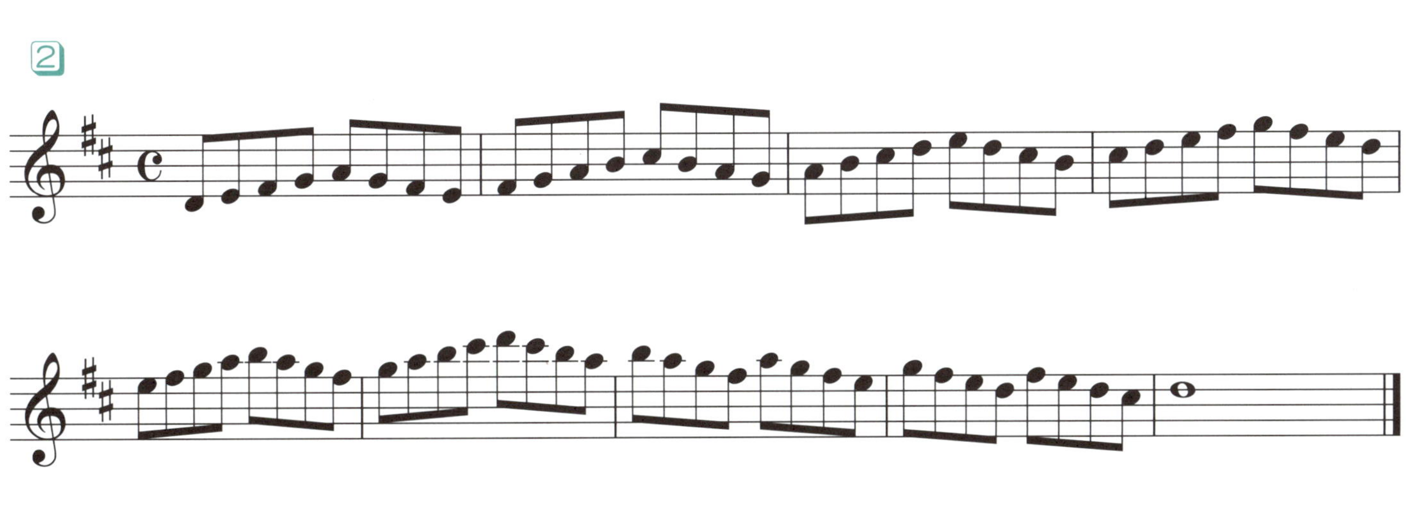

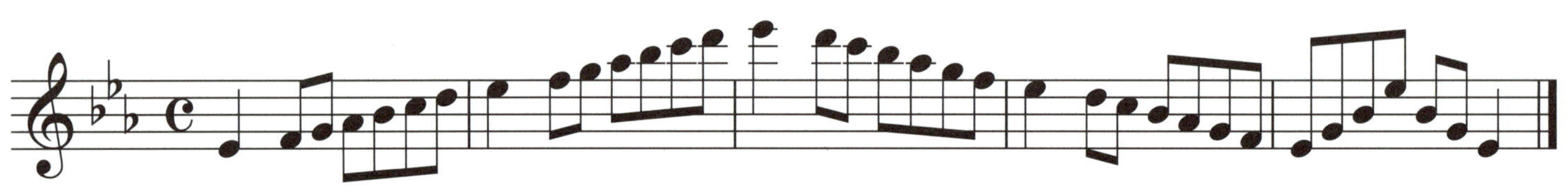

1

2

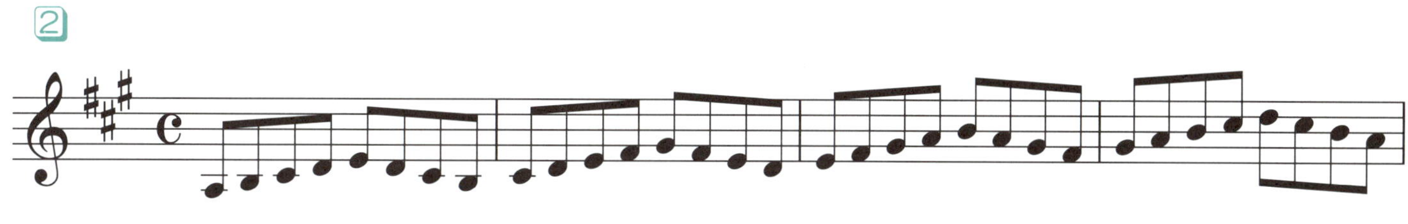

3

뉴오카리나야 놀자

오카리나 콘서트 모음곡

- Hava Nagila
- G선상의 아리아
- Over The Rainbow
- 천공의 오리온
- Memory
- 물놀이
- 숲의 댄스
- Gabriel's Oboe
- Sunrise Sunset
- City Of Stars
- I Dreamed A Dream
- I Deamt I Dwelt In Marble Halls
- Time to say Goodbye
- Tico Tico
- Bohemian Rapsody

Hava Nagila

이스라엘 민요

G선상의 아리아

Over The Rainbow

천공의 오리온

Memory

A. L. 웨버 작곡

AC

보통빠르게

물놀이

126

F
C
G
G
C
C7
F
F
C
G
G
C
G
C
F
C
G
C
Em
G
C
C
F
C
G
C
Em
G
C
C

숲의 댄스

노무라 소지로 작곡

D.C. al Coda
4
2
129

Gabriel's Oboe

(미션 OST)

Sunrise Sunset

(지붕위 바이올린 OST)

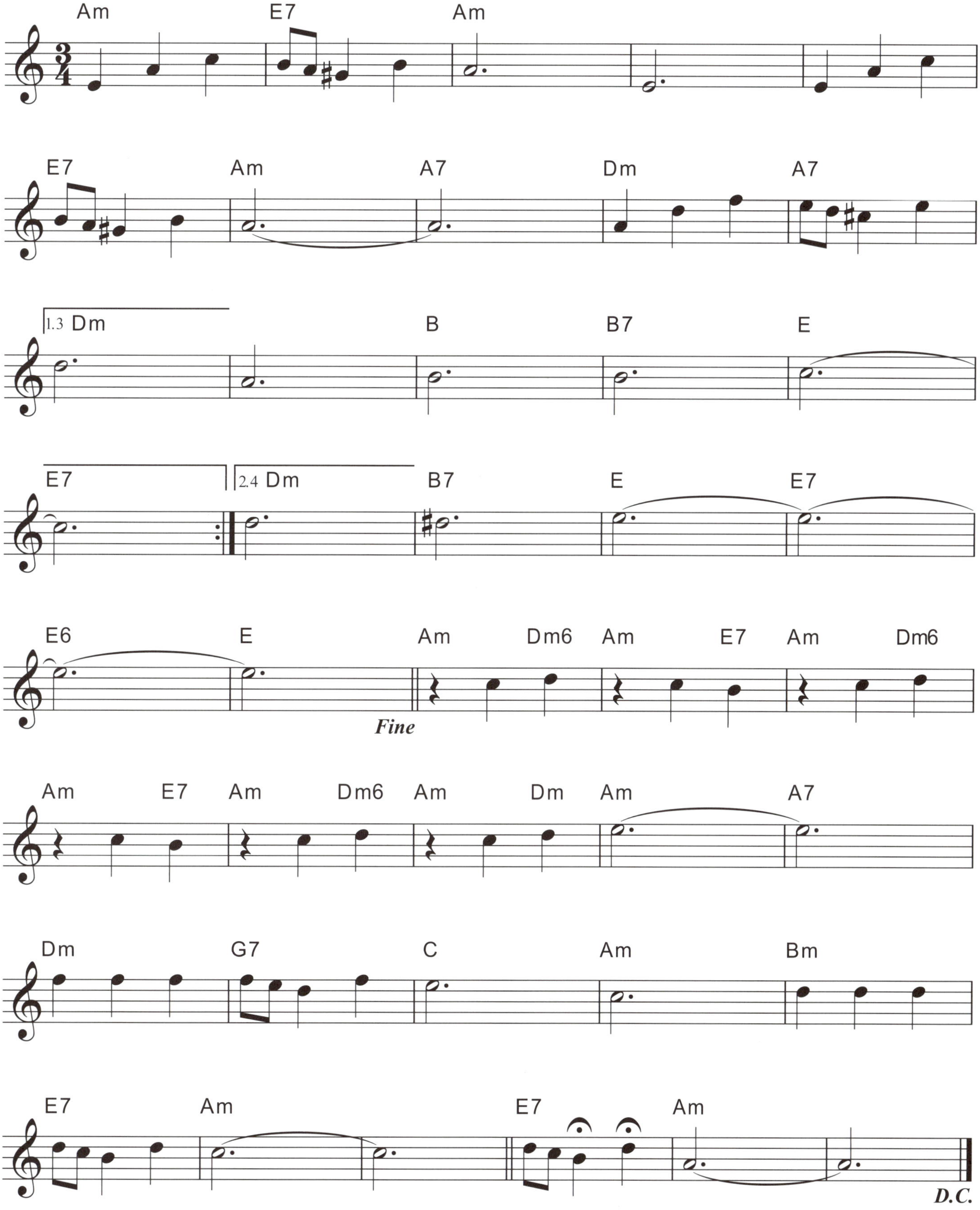

City Of Stars

(라라랜드 OST)

Triple

J. 허위츠 작곡

느리게

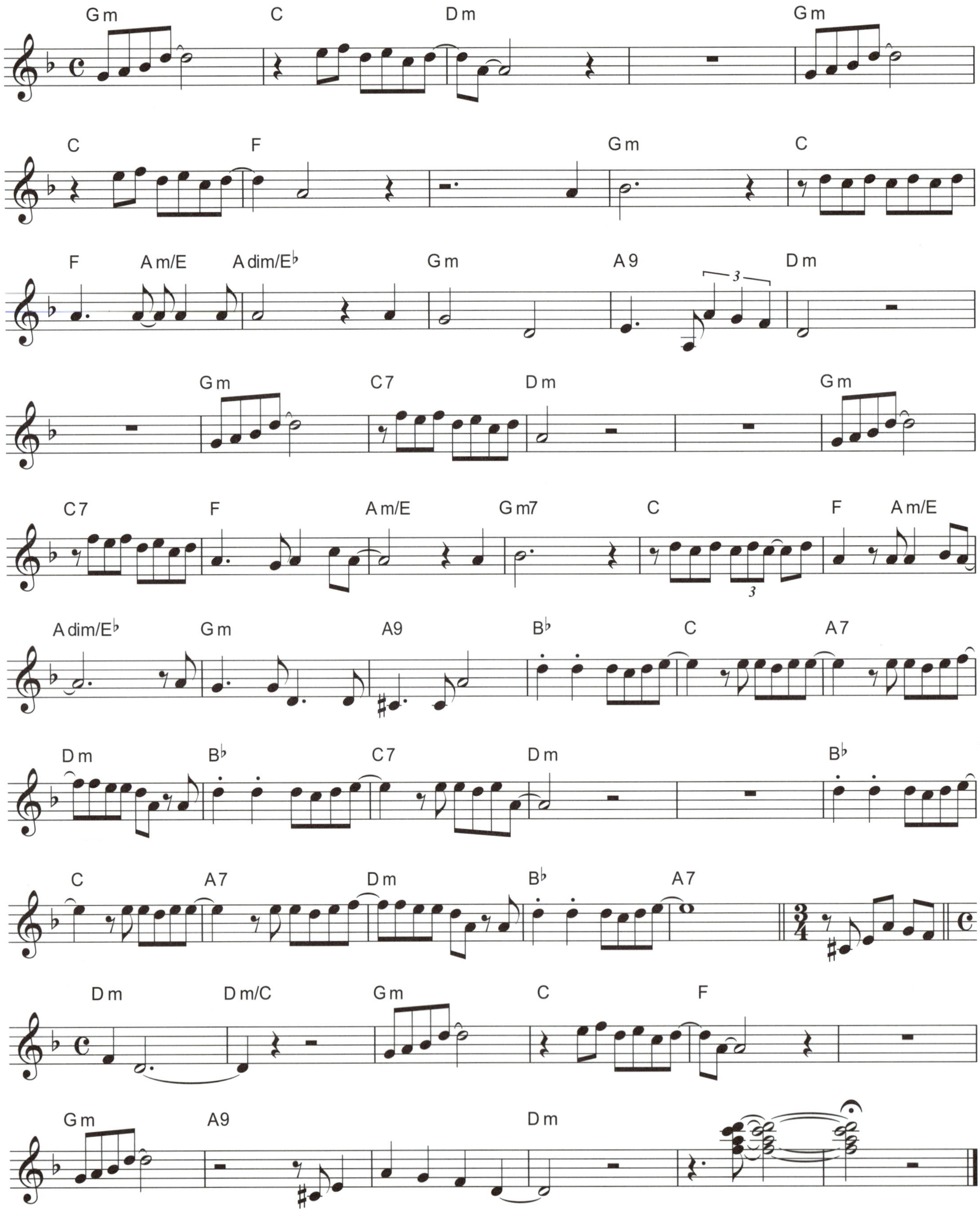

I Dreamed A Dream

(레미제라블 OST)

AC

C. M. 쇤베르크 작곡

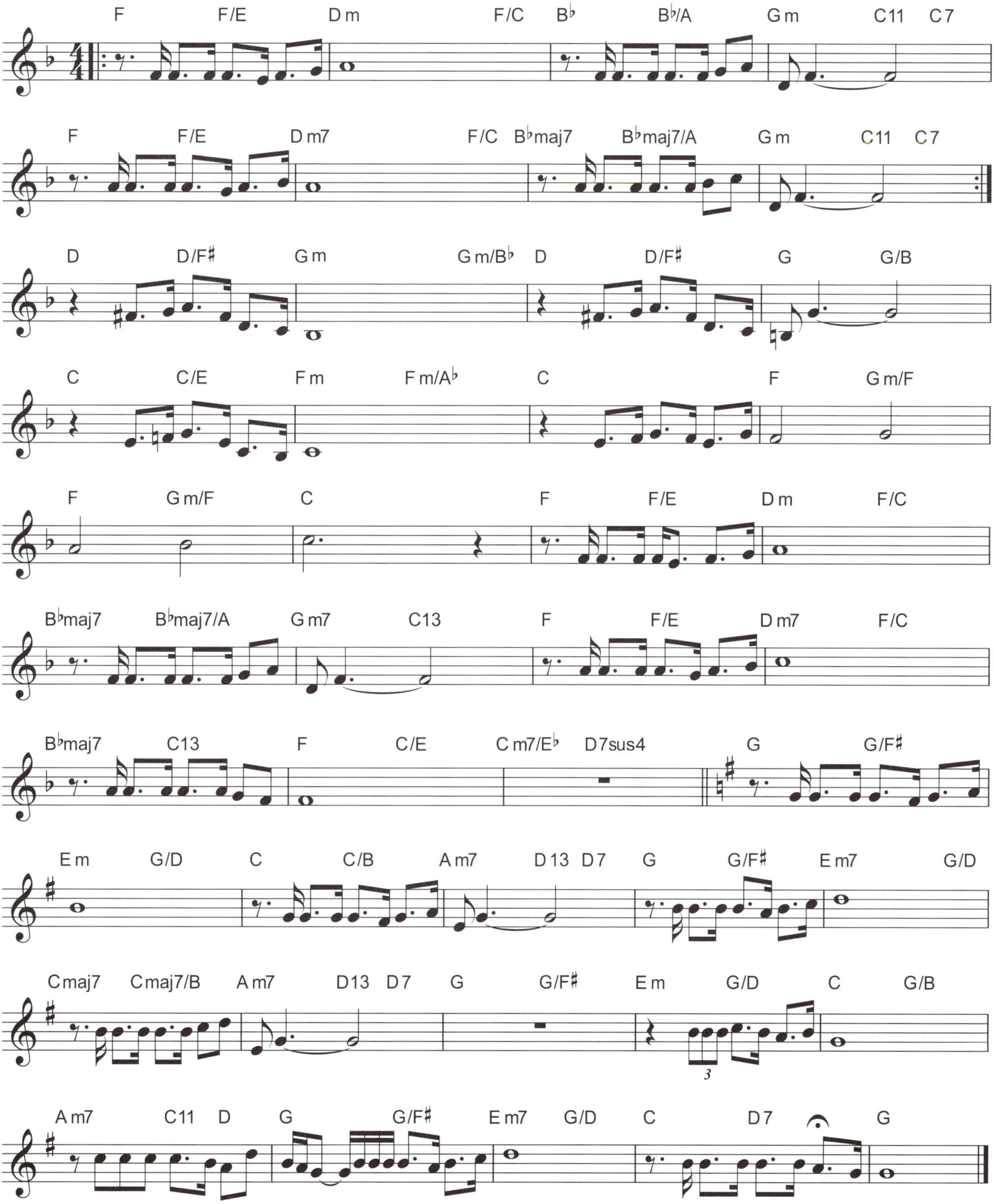

I Deamt I Dwelt In Marble Halls

Time to say Goodbye

Triple

조금 느리게

F. Sartori 작곡

Tico Tico

Bohemian Rapsody

F. 머큐리 작곡

Triple

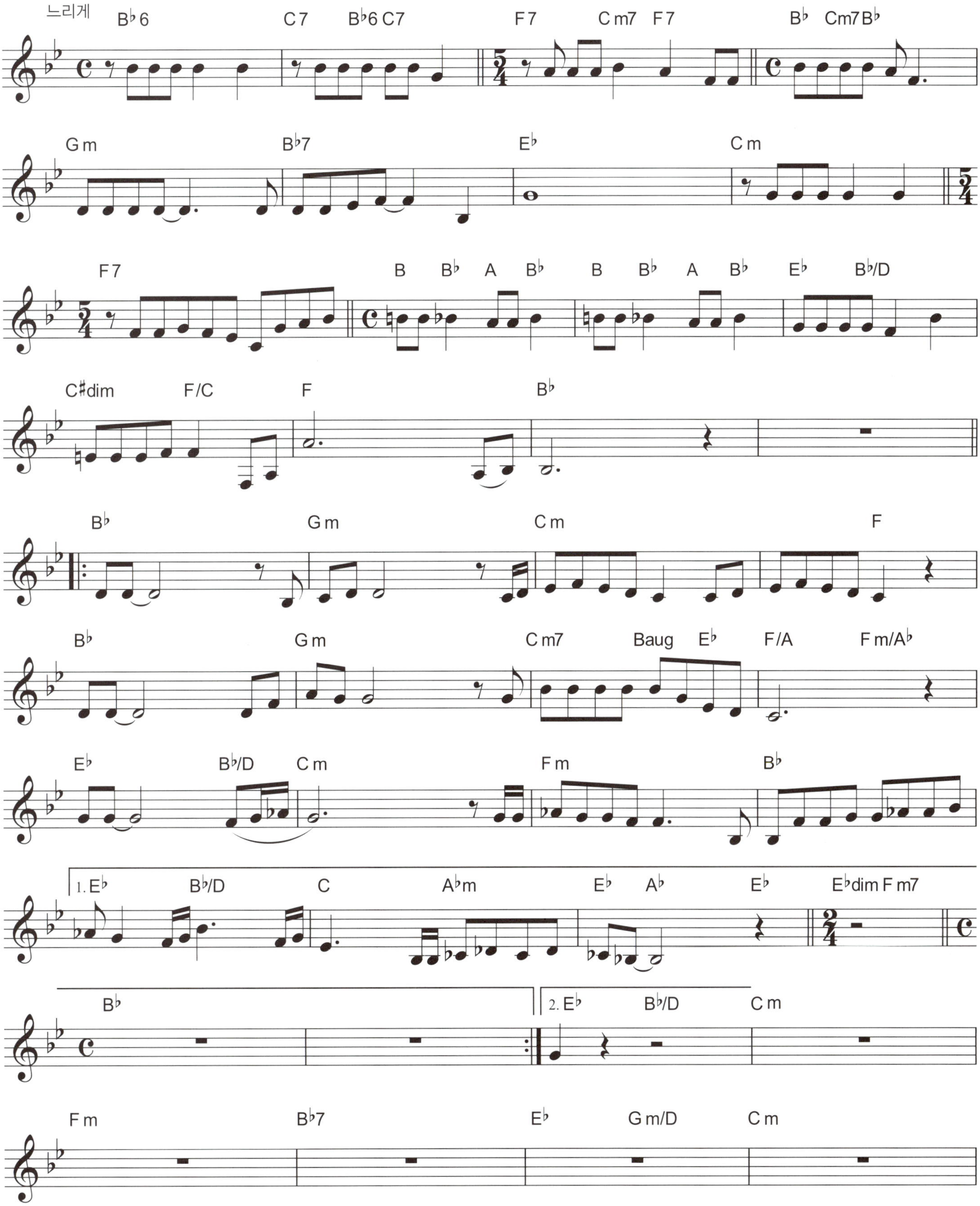

140

B♭
E♭
E♭
F 7
B♭7
E♭/B♭
B♭
E♭
B♭
D♭
B♭7
E♭/B♭
B♭
E♭
A♭
F m
B♭
F m
B♭
F m7
B♭
F m7
B♭
E♭
B♭7
poco a poco ritard. e dim.
E♭
B♭/D
C m
G
C m
G7
C m
B♭7
E♭
D
G m
Slowly, a tempo
A♭
E♭
C m
G m
C m
G m
C m
A♭m
ritard.
B♭ 11
E♭
A♭/E♭
E♭
D♭dim
B♭/D
B♭/D♭
a tempo
C 7
C7♭9
C 7
F
B♭
F
A♭dim
G m7
F
poco a poco ritard. e dim.

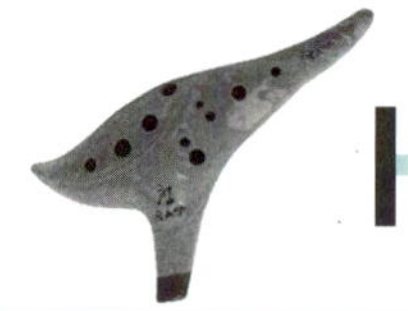

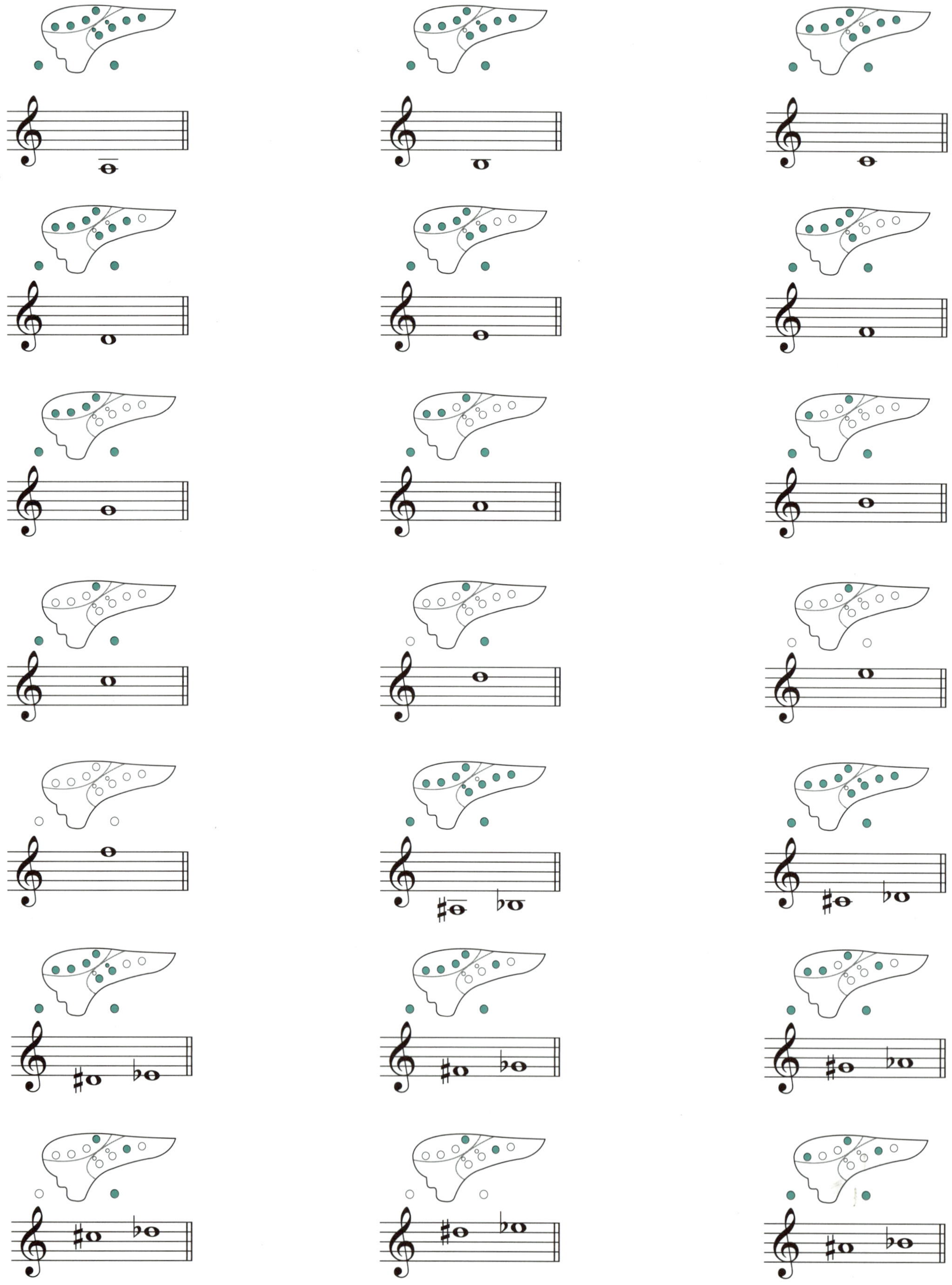

저음역(제1관)

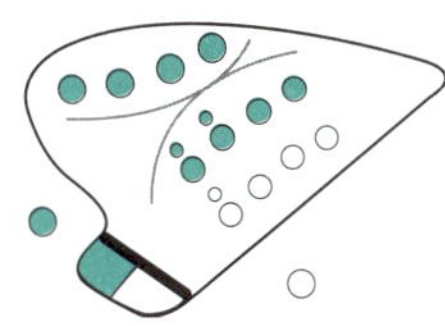
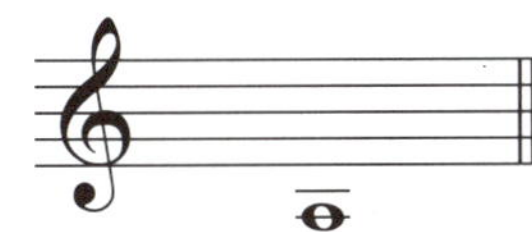

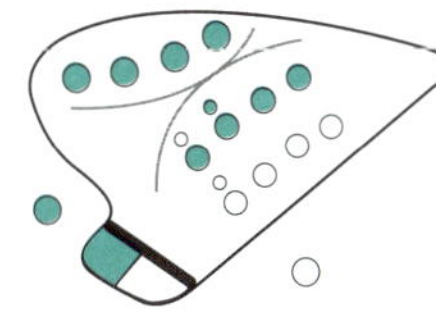
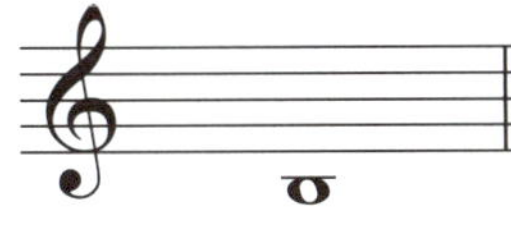

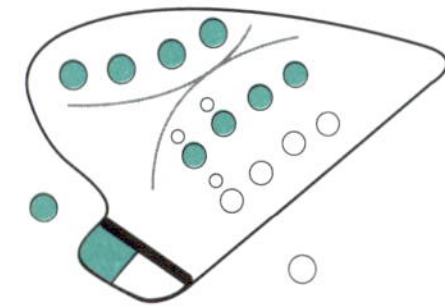
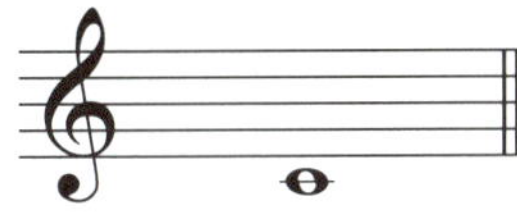

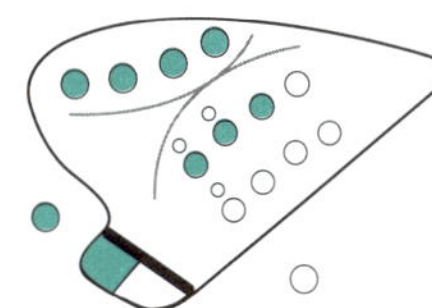
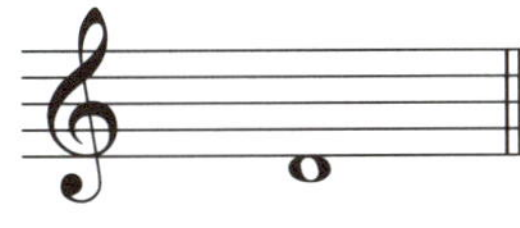

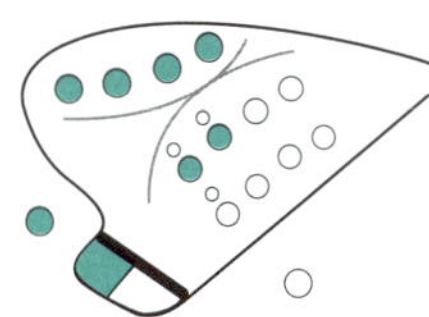
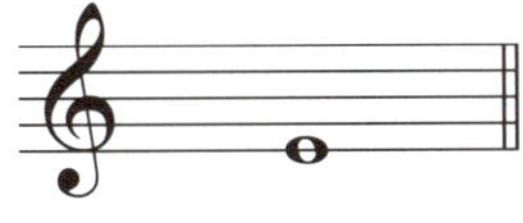

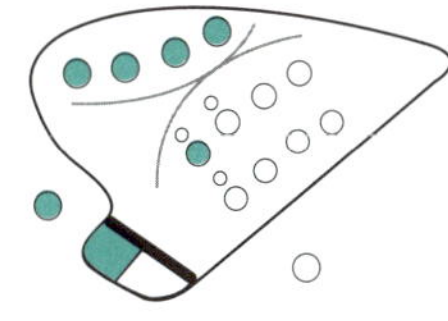
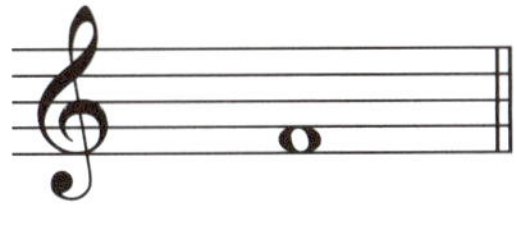

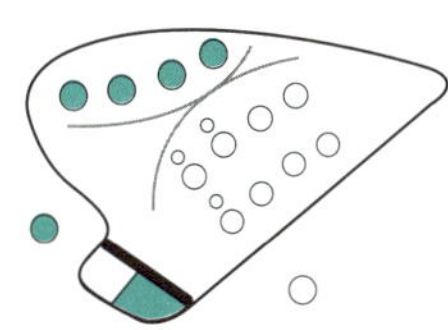
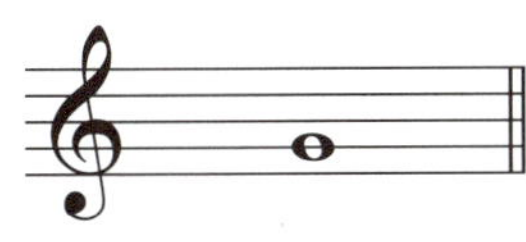

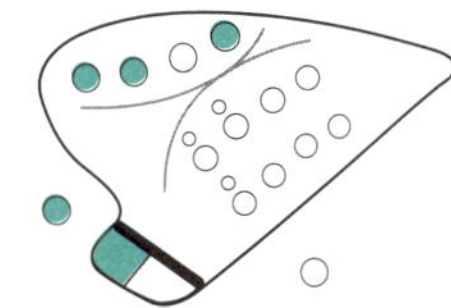
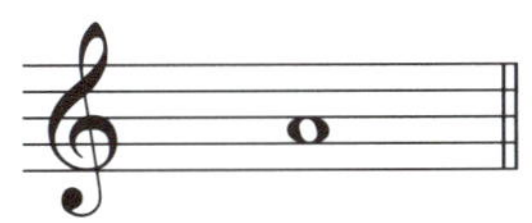

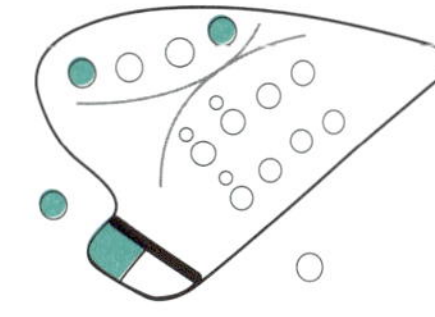
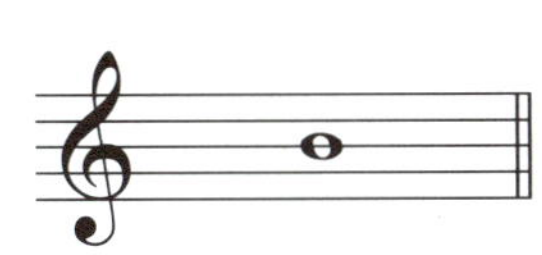

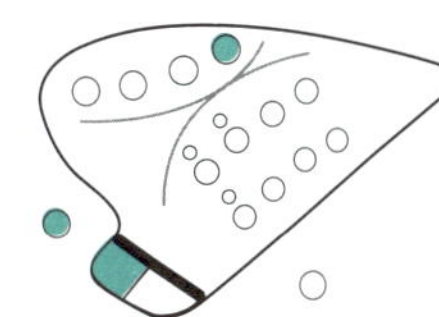
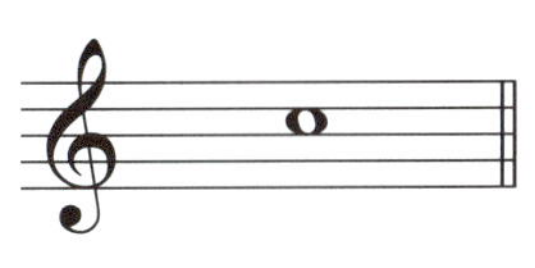

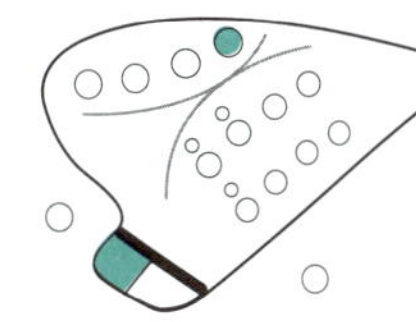
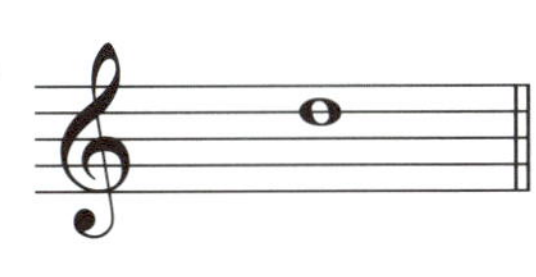

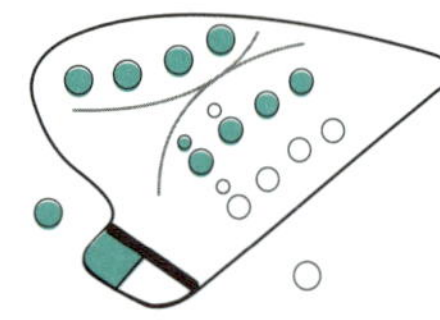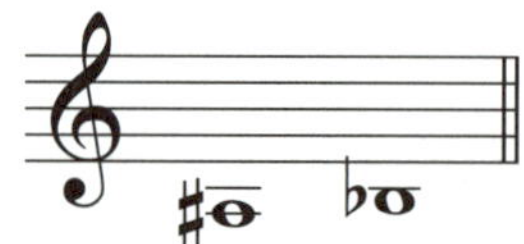

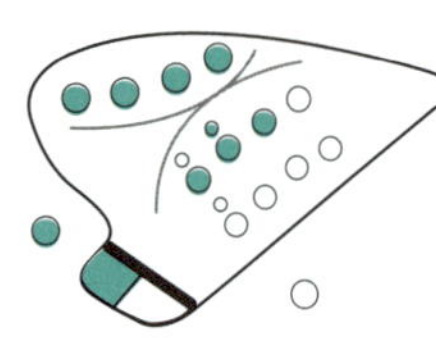

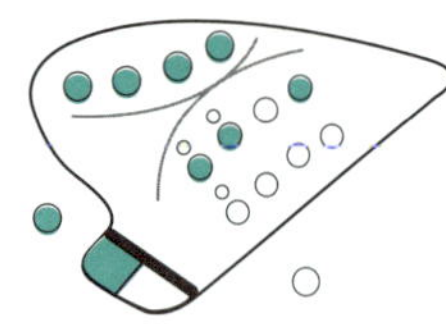

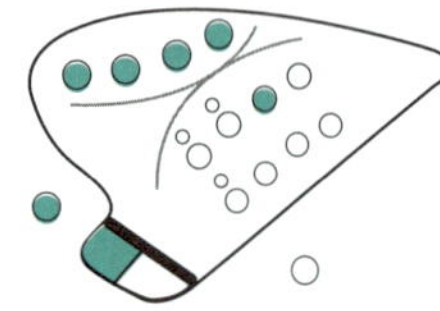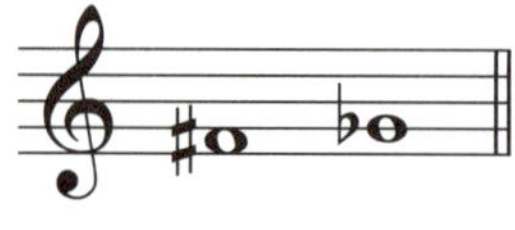

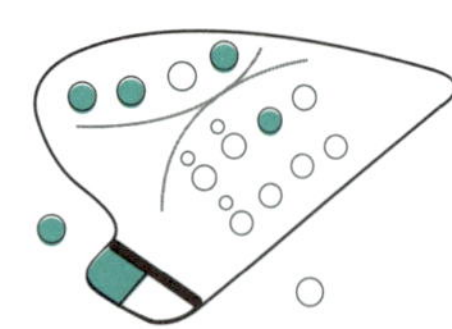

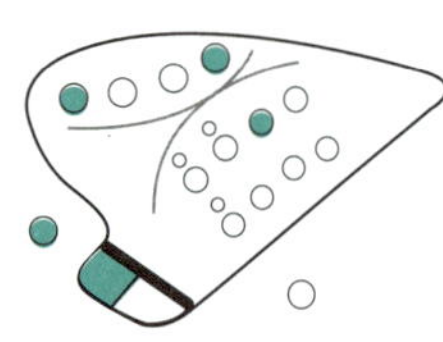

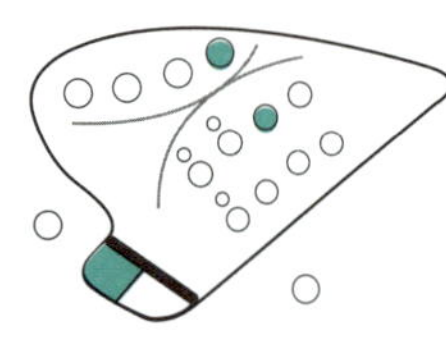

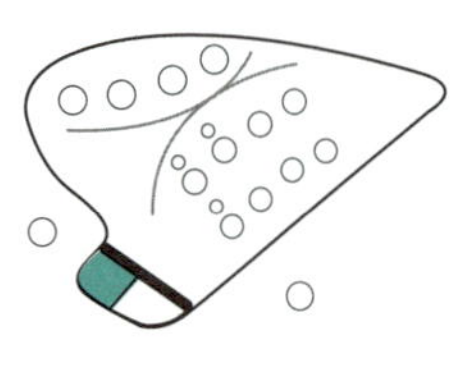

중음역(제2관)

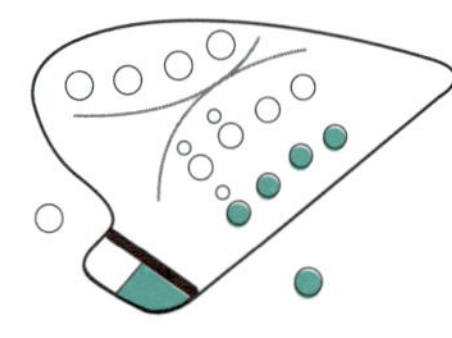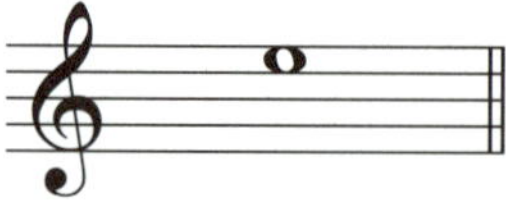

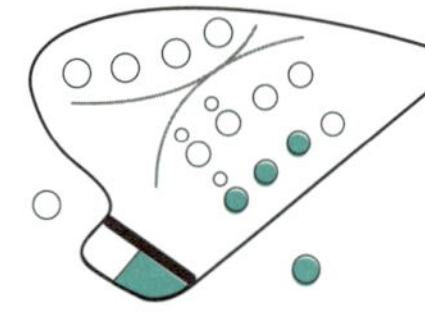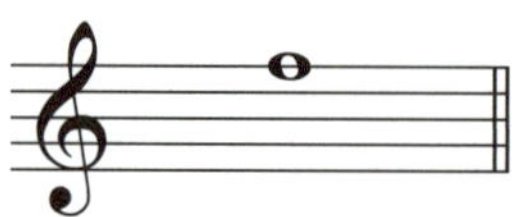

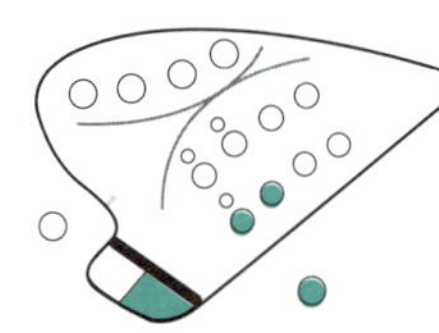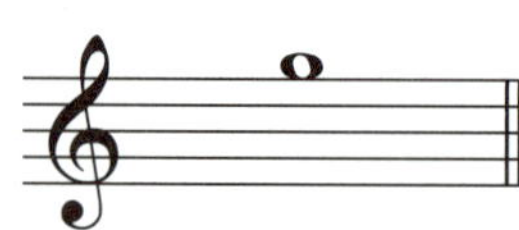

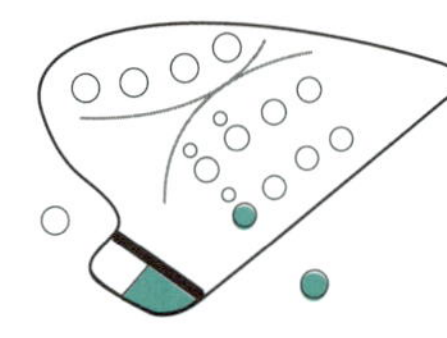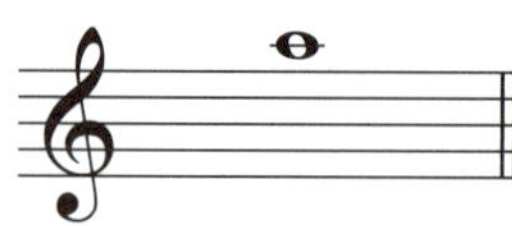

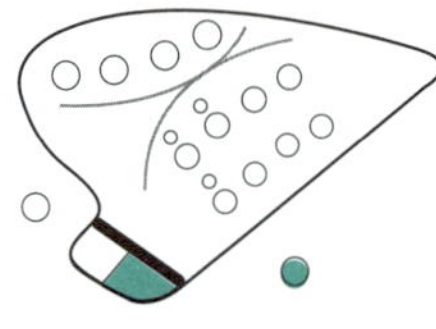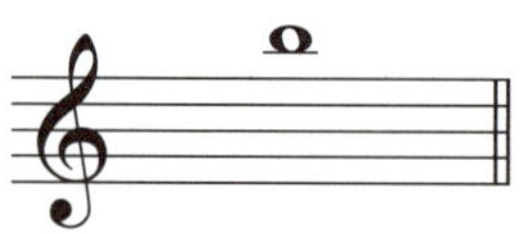

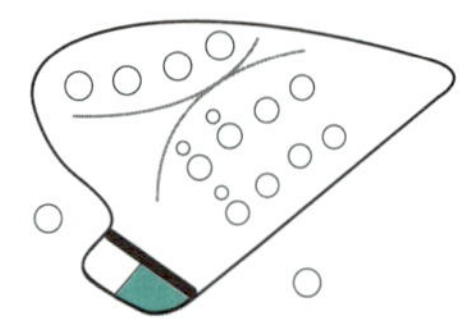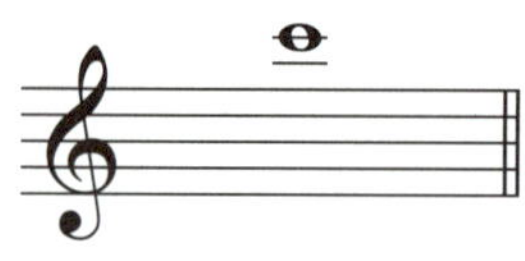

반음(제2관)

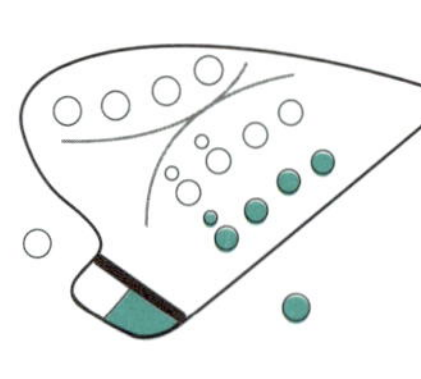

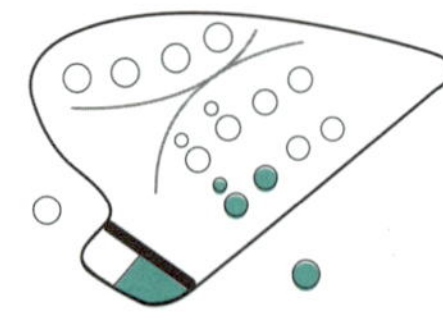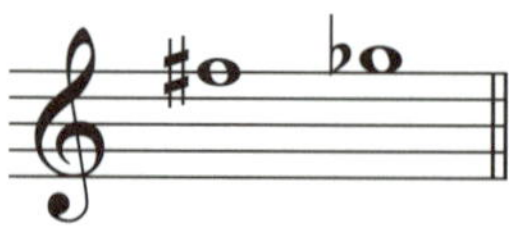

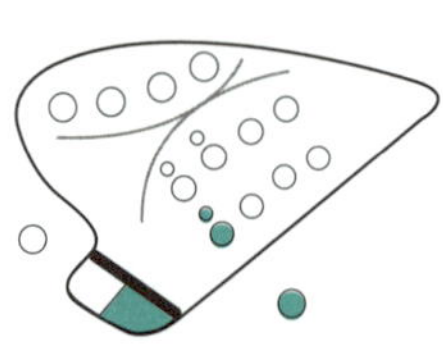

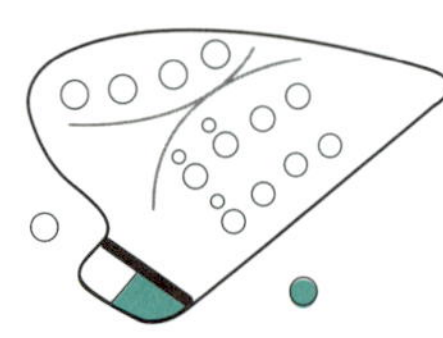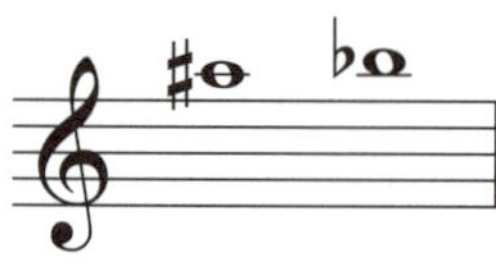

저음역(제1관)

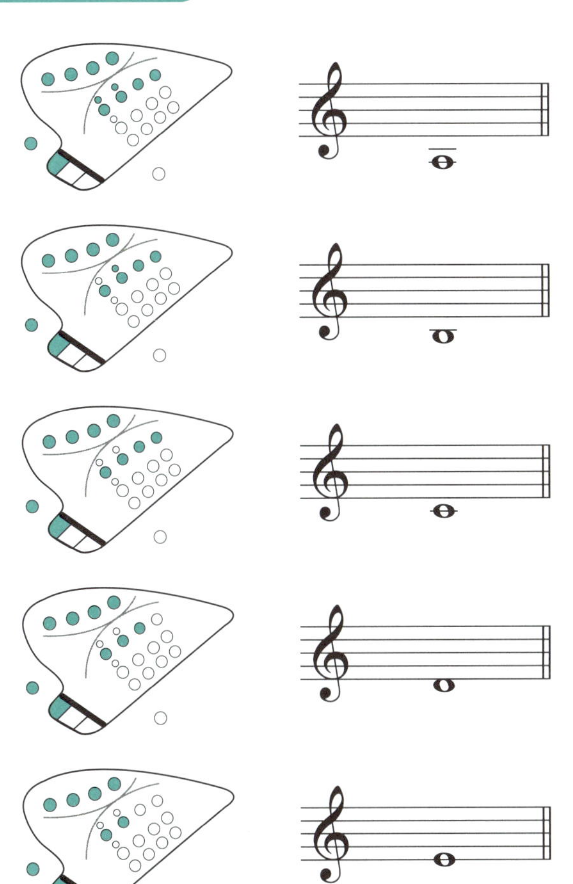

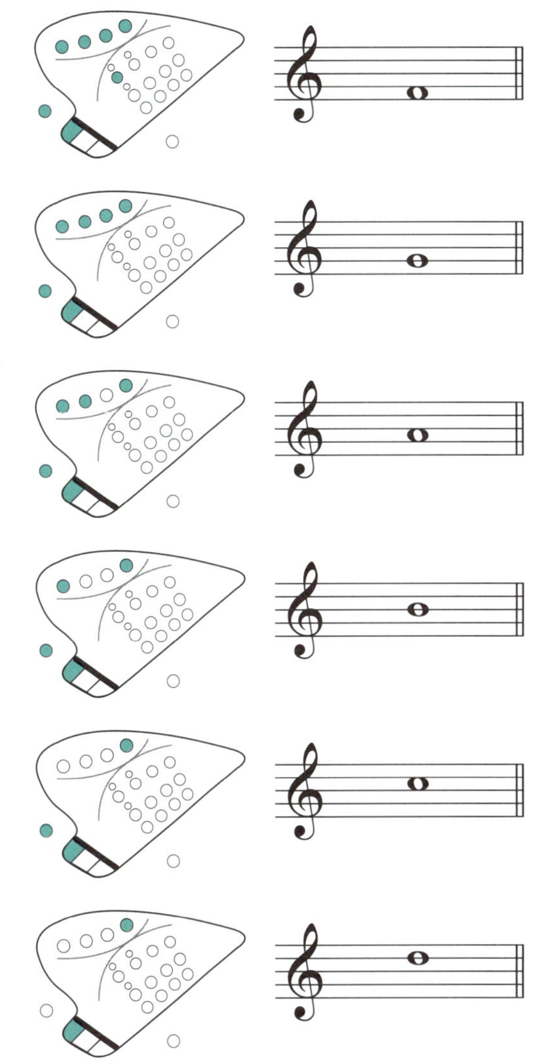

반음(제1관)

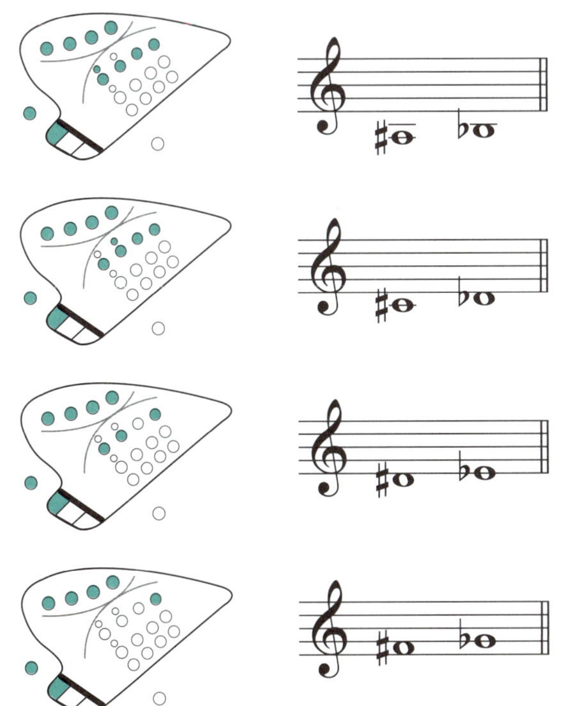

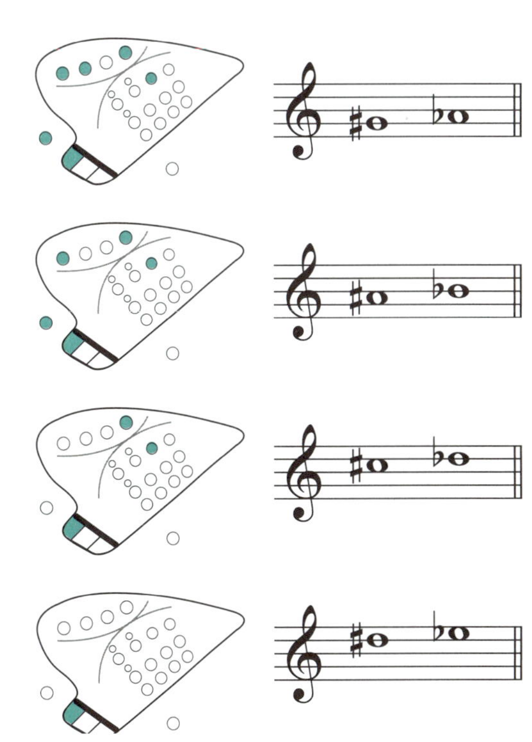

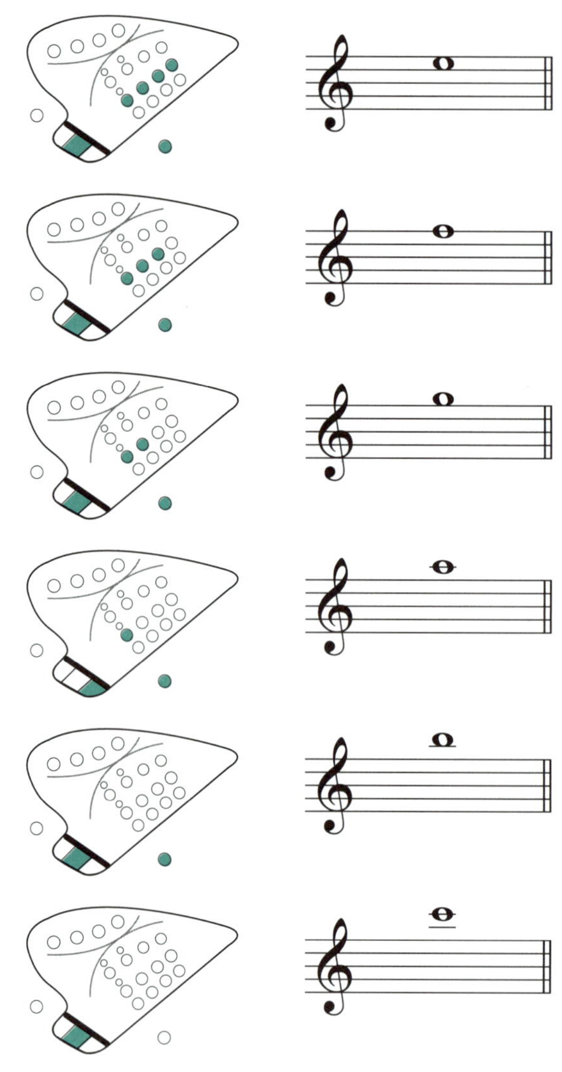

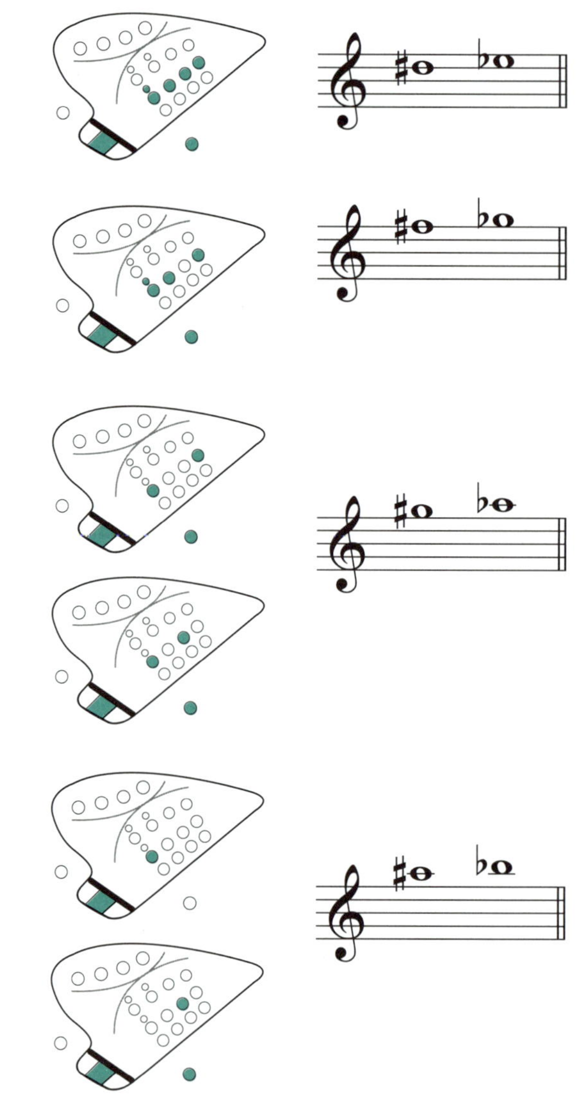

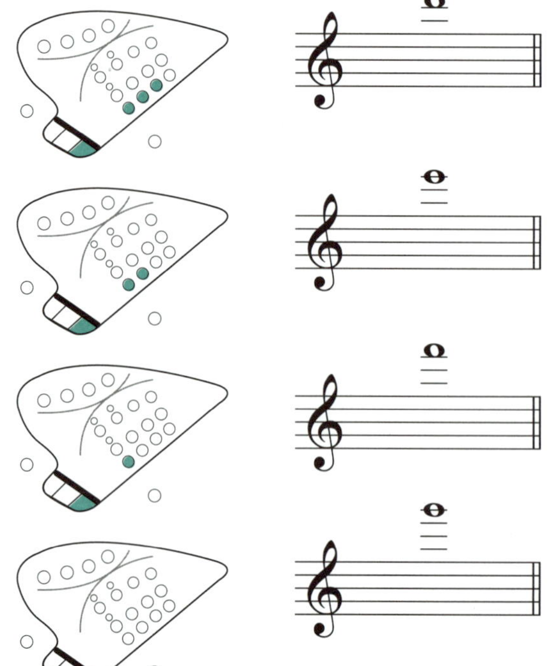

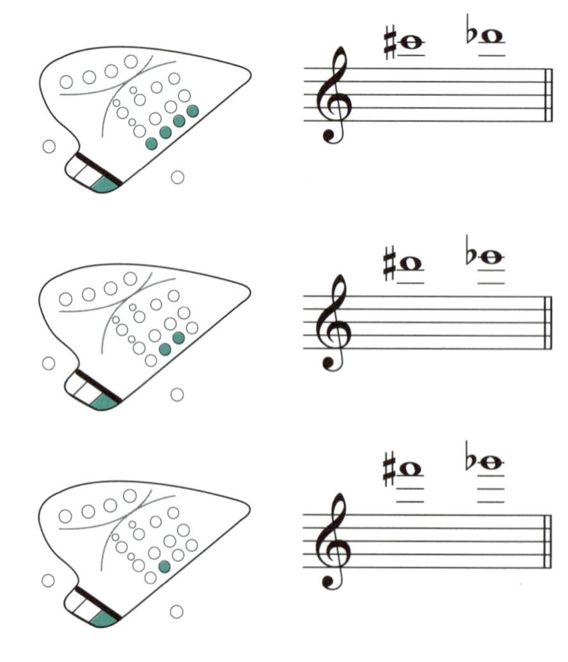

프로필 **제임스 정**

- 수도국제대학원 부총장, 지휘, 생활음악전공 전임교수
- 서울교대 평생교육원 생활음악지도자과정 교수
- 백석대문화예술대학원 크로스오버음악전공 교수 역임
- 서울기독대학원 생활음악전공 교수 역임
- 한양대 미래인재교육원 생활음악전공 교수 역임
- (사)한국음악교육협회 이사장
- 한국생할음악교육총연합회 대표
- 한국지휘협회 대표
- 한국생활국악협회 대표
- 한국하프앙상블협회 대표
- 한국켈틱하프교육협회 대표
- 한국에어로폰교육협회 대표
- 한국음악놀이협회 대표
- 한국전래놀이교육협회 대표
- 한국오카리나교육협회 대표
- 한국우쿨렐레앙상블협회 대표
- 한국하모니카앙상블협회 대표
- 한국리코더교육협회 대표
- 한국타악기교육협회 대표
- 한국팬플루트음악협회 대표
- 한국아코디언음악협회 대표
- 한국훌라댄스협회 대표
- 서울팝스필하모닉오케스트라 음악감독&상임지휘자
- 코리아하프오케스트라 지휘자
- 코리아에어로폰오케스트라 지휘자
- 코리아오카리나오케스트라 지휘자

- 경기팝스오케스트라 지휘자
- 서울플루트오케스트라 지휘자
- 경기플루트오케스트라 지휘자
- 코리아우쿨렐레오케스트라 지휘자
- 코리아팝스아코디언오케스트라 지휘자
- 코리아팝스하모니카오케스트라 지휘자
- 코리아팝스가야금오케스트라 지휘자
- 한국교원대학교 대학원 석사(음악교육 전공)
- 러시아 Gnesin 음악원 석사(오케스트라 지휘 전공)
- 이탈리아 Gaspare Spontini 공립음악원 박사(오케스트라 지휘 전공)
- 미국 카네기홀 생활음악(켈틱하프,하모니카,팬플루트) 공연
- 이탈리아 GOB 오카리나 마스터클래스 디플롬
- 루마니아 Radu Nehifor 팬플루트 마스터클래스 디플롬
- 하와이 Kimo Hussey 우쿨렐레 마스터클래스 디플롬
- 이탈리아 Burio 오카리나페스티벌 참가
- 하와이 Merrie Monarch 훌라페스티벌 참가
- 페루 Lima 세계카혼페스티벌 참가
- 41, 43, 45'th Hawaii 우쿨렐레페스티발 참가
- 스위스 Arosa 팬플루트페스티벌 참가
- 협연 : 러시아내무성오케스트라, 이탈리아 Gaspare Spontini 오케스트라
  서울오케스트라, 서울팝스필하모닉오케스트라, 경기팝스오케스트라
  코리아오카리나오케스트라, 서울플루트오케스트라, 경기플루트오케스트라
  코리아우쿨렐레오케스트라, 코리아팬플루트오케스트라
- 영화 : Hawaii Ukulele(Pica Pica Ukulele Orchestra in Hawaii)
- 앨범 : Sentimental, Pica Pica

저서

- 제임스정의 오카리나야놀자(일신서적)
- 제임스정의 아이러브오카리나(아이러브뮤직)
- 제임스정의 아이러브우쿨렐레(아이러브뮤직)
- 제임스정의 유튜브오카리나연주곡집(일신서적)
- 제임스정의 크리스천오카리나(아이러브뮤직)
- 제임스정의 꼬꼬마오카리나(아이러브뮤직)
- 제임스정의 우쿨렐레야놀자(음악세계)
- 제임스정의 하모니카야놀자①②(일신미디어)
- 제임스정의 하모니카트로트콘서트곡집(일신미디어)
- 제임스정의 하모니카트롯연주곡집(일신미디어)
- 제임스정의 아이러브팬플루트(아이러브뮤직)
- 제임스정의 팬플루트콘서트곡집(아이러브뮤직)
- 제임스정의 기타야놀자(일신미디어)
- 제임스정의 칼림바야놀자(일신서적)
- 제임스정의 키즈칼림바야놀자(일신서적)
- 제임스정의 칼림바야놀자연주곡집(일신서적)

- 제임스정의 아트칼림바야놀자연주곡집(일신서적)
-
- 제임스정의 리코더야놀자(아이러브뮤직)
- 제임스정의 컵타야놀자(일신미디어)
- 제임스정의 컵타음악놀이연주곡집(그래서음악)
- 제임스정의 리라하프야놀자(일신미디어)
- 제임스정의 카혼아놀자(일신미디어)
- 제임스정의 하루만에하프(아이러브뮤직)
- 제임스정의 하루만에하프콘서트곡집(아이러브뮤직)
- 제임스정의 하루만에칼림바①②(아이러브뮤직)
- 제임스정의 하루만에리라(아이러브뮤직)
- 제임스정의 7080하모니카콘서트곡집(아이러브뮤직)
- 제임스정의 미스&미스터유튜브트롯(아이러브뮤직)
- 제임스정의 Shall We Hula?(일신서적)
- DIATONIC HARMONICA(아이러브뮤직)
- UKULELE ENSEMBLE①②(아이러브뮤직)

개정판

제임스정의 뉴 오카리나야 놀자

발행일	2025년 6월 10일
발행인	남 용
편저자	제임스정
발행처	일신서적출판사
주 소	서울시 마포구 독막로 31길 7
등 록	1969년 9월 12일(No. 10-70)
전 화	(02) 703-3001~5(영업부)
	(02) 703-3006~8(편집부)
F A X	(02) 703-3009

I S B N 978-89-366-2908-3 93670